AR BEN Y BYD

Ar Ben y Byd

SHANE WILLIAMS

gyda Lynn Davies

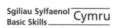

ISBN: 978 1847711137

Mae Shane Williams a Lynn Davies wedi datgan eu hawl dan Ddeddf Hawlfraint, Dyluniadau a Phatentau 1988 i gael eu cydnabod fel awduron y llyfr hwn.

Mae'r cynllun Stori Sydyn yn fenter ar y cyd rhwng Sgiliau Sylfaenol Cymru a Chyngor Llyfrau Cymru. Ariennir y llyfrau gan Sgiliau Sylfaenol Cymru fel rhan o Strategaeth Genedlaethol Sgiliau Sylfaenol Cymru ar ran Llywodraeth Cynulliad Cymru.

Argaffwyd a chyhoeddwyd gan
Y Lolfa, Talybont, Ceredigion SY24 5AP.
gwefan www.ylolfa.com
e-bost ylolfa@ylolfa.com
ffôn 01970 832 304
ffacs 832782

1. BLWYDDYN ARBENNIG

RODD 2008 YN SICR yn flwyddyn i'w chofio. Fe ges i gyflawni rhai pethe na fydd y rhan fwya o chwaraewyr, gan fy nghynnwys inne tan y llynedd, ond yn gallu breuddwydio amdanyn nhw. Ces fod yn aelod o dîm wnaeth ennill Pencampwriaeth y Chwe Gwlad, a hynny am yr ail waith. Hefyd, yn ystod y bencampwriaeth, fe lwyddes i sgorio chwe chais. Ar ben hynny, yn y gêm ola yn erbyn Ffrainc, fe gyrhaeddodd cyfanswm fy ngheisie dros Gymru 41. Rodd hynny'n golygu mod i wedi torri record Gareth Thomas. Er i Gymru golli'r ddwy gêm brawf mas yn Ne Affrica ddechrau'r haf daeth sawl peth calonogol o'r daith honno.

Dw i'n aelod o dim y Gweilch hefyd ac fe geson ni dymor digon llwyddiannus. Am yr ail flwyddyn yn olynol, enillodd y tîm dlws yr EDF, sef Cwpan i glybie Cymru a Lloegr.

Ond daeth wythnosau ola'r flwyddyn â hyd yn oed rhagor o lwyddiant i fi. Ddiwedd Tachwedd ces fy newis yn Chwaraewr Rygbi Gorau'r Flwyddyn gan y Bwrdd Rygbi Rhyngwladol (sef yr IRB). Yn ystod fy ngyrfa dw i wedi derbyn sawl gwobr fel aelod o dîm ond dyma'r wobr gynta o bwys i fi ennill fel unigolyn. Hon yw'r anrhydedd fwya mae'n bosibl i unrhyw chwarewr rhyngwladol ei hennill yn y byd rygbi. Felly rodd hynny'n ychwanegu at y pleser anferth deimles i wrth dderbyn y tlws oddi wrth Bryan Habana o Dde Affrica – y fe enillodd y wobr y llynedd.

Fe glywes i, yn fuan ar ôl dod yn ôl o'r daith i Dde Affrica, mod i'n un o bum chwarewr ar y rhestr fer ar gyfer y wobr. Ar y pryd, yng nghwmni sawl un o dîm y Gweilch, rown i ym mhriodas Steve Tandy, ein blaenasgellwr ni. Gan i ni glywed bod Ryan Jones, un arall o'r Gweilch, hefyd ar y rhestr fer, rodd yna dipyn o dynnu coes, fel y gellwch chi ddychmygu. Mae'r wobr arbennig hon wedi ca'l ei rhoi ers wyth mlynedd bellach a dyna'r tro cynta i chwarewr o Gymru fod ar y rhestr fer. Ac nid dim ond un, ond dau ohonon ni'r tro hwn.

Fe gafodd y seremoni i gyflwyno'r wobr ei chynnal mewn cinio arbennig yn yr Hen Billingsgate yn Llundain ar nos Sul, 23 Tachwedd. Ar y diwrnod cynt rodd Cymru wedi chware gêm galed iawn yn erbyn y Cryse Duon yn Stadiwm y Mileniwm. Felly rown i'n eitha blinedig yn dechrau ar y daith i Lundain

y diwrnod wedyn. Rodd car wedi'i drefnu i fynd
â fi, Gail fy ngwraig, Ryan a'i gariad, Elsa, bob
cam yno o Westy'r Vale ym Mro Morgannwg.
Yno rodd tîm Cymru'n aros dros gyfnod gême
rhyngwladol yr hydref. Mae Gail yn lico dod
gyda fi i ddigwyddiade yn y byd rygbi ond dyw
hi ddim yn rhy hoff o fod gyda fi pan fydd
camerâu teledu yno.

Rodd cannoedd o bobl y byd rygbi yn yr Hen
Billingsgate y noswaith honno, yn chwaraewyr
(merched a dynion o bob oedran), yn gyn-
chwaraewyr, yn hyfforddwyr a swyddogion.
Rodd hi'n braf iawn ca'l cymysgu gydag
enwogion fel Gerald Davies, Phillipe Sella ac
Augustine Pichot a cha'l rhannu bwrdd gyda
Ieuan Evans a Scott Quinnell. Rodd rhai wynebe
cyfarwydd yno, fel Graham Henry a Steve
Hansen a ches air gyda'r ddau ohonyn nhw.
Rodd hi'n neis cwrdd eto â Graham yn enwedig,
gan fod 'da fi'r parch mwya ato fel hyfforddwr.
Wedi'r cyfan, fe odd yr un roiodd y cyfle cynta
i fi chware ar y lefel ryngwladol. Rodd clywed
ganddo ei fod e'n browd iawn o'r hyn rown i
wedi'i gyflawni yn golygu llawer i fi.

Yn ystod y noson, rodd 14 o wobre gwahanol
yn ca'l eu rhoi a'r uchafbwynt odd cyhoeddi
Chwaraewr y Flwyddyn. Ar wahân i Ryan a fi,
ar y rhestr fer hefyd rodd Mike Blair, mewnwr

yr Alban, Serge Parisse, wythwr yr Eidal a Dan Carter, maswr Seland Newydd. Wrth feddwl am y bobl yn y gorffennol odd wedi cyrraedd y rhestr fer, ond heb dderbyn y tlws, chwaraewyr fel Bryan O'Driscoll, Matt Giteau, Tana Umaga a Paul O'Connell, rown i'n sylweddoli faint o gamp fydde ennill. Wedi'r cyfan rodd Richie McCaw, blaenasgellwr gwych y Cryse Duon, wedi bod ar y rhestr fer dair gwaith a heb lwyddo i gipio'r tlws. Ond y fe odd yn fuddugol yn 2006 ac yn gwir haeddu'r teitl Chwaraewr y Flwyddyn. Felly, dyna odd y safon rodd y beirniaid, o dan eu Cadeirydd, John Eales, cynglo a chapten Awstralia, yn chwilio amdano.

Ar un ystyr, falle ei bod hi'n haws ar rywun sy'n aelod o dîm da, felly rown i'n ffodus o fod yn nhîm Cymru. Mae asgellwr sy'n chware i dîm llwyddiannus sy'n chware rygbi agored fel arfer yn mynd i ga'l tipyn o'r bêl a bydd yn sgorio nifer o geisie. Oherwydd hynny fe fydda i'n ca'l tipyn o sylw gan y cyfrynge. Ar y llaw arall, mae wythwr sy'n chware i dîm sy'n aml o dan bwyse yn gallu neud ei farc fel amddiffynnwr da. Ond, wrth gwrs, rodd gan bob un o'r chwaraewyr eraill ar y rhestr fer rinweddau arbennig a gobaith o ennill.

Mae clywed Bryan Habana yn cyhoeddi taw y fi odd Chwaraewr y Flwyddyn yn dal fel breuddwyd. Dw i ddim yn gallu cofio llawer am y munudau hynny oherwydd y sioc o ennill. Dw i'n cofio dweud gair neu ddau ar ôl derbyn y tlws ond hyd y dydd heddi does 'da fi ddim syniad beth ddwedes i. Gobeithio na ddwedes i ddim byd dwl, dyna i gyd rown i'n ei ofidio. Un digon swil dw i wedi bod eriôd ac un sy'n casáu siarad yn gyhoeddus. Dw i'n dal i deimlo'n llawer mwy nerfus yn siarad nag y bydda i cyn chware gêm rygbi bwysig. Ond wrth i fi ddod yn fwy a mwy adnabyddus fel chwarewr rygbi dw i wedi gorfod neud mwy yn gyhoeddus. O ganlyniad dw i'n gobeithio bod bach mwy o siâp arna i fel siaradwr erbyn hyn, er bod y coese'n dal i grynu bob tro.

Rodd hi'n deimlad ffantastig gwybod bod y panel rhyngwladol o gyn-chwaraewyr wedi fy newis i fel y chwarewr gore yn y byd. Ces i bleser mawr o wybod bod yr holl waith caled rown i wedi ei neud ar y cae ymarfer ac yn y *gym* dros y blynyddoedd wedi talu ffordd. Hefyd rodd cyrraedd y pinacl y noswaith 'ny yn brofiad mwy arbennig o gofio mod i, chwe blynedd cynt, wedi meddwl am roi'r gore i chware ar y lefel uchaf. Yr adeg honno rown i'n cario gormod o bwyse i rywun mor fach â fi ac yn ca'l cymaint o broblemau oherwydd anafiade.

Rodd hi mor neis am ryw awr ar ôl derbyn

y tlws ca'l cymysgu gyda'r bobl eraill yn y seremoni a derbyn eu llongyfarchiadau nhw. Fe faswn i wedi lico dathlu a chael mwy o hwyl ond sticio at y sudd oren odd orau. Rodd yn rhaid gadel y cwmni, wrth i'r achlysur ddechre twymo, i deithio nôl i Gaerdydd ar gyfer sesiwn ymarfer y bore wedyn. Fe dries i gysgu yn y tacsi, ond rown i'n ca'l galwade ffôn a negeseuon testun yn fy llongyfarch i ar hyd y daith. Daeth un o Awstralia lle mae hen ffrind i fi'n chware pêl-droed yn broffesiynol. Ac mae'r llongyfarchion yn dal i gyrraedd o wledydd fel Awstralia, Ffrainc a Siapan, gan gefnogwyr dw i ddim yn eu nabod, hyd yn oed.

Am dri o'r gloch ar y bore Llun y cyrhaeddon ni nôl yng Ngwesty'r Vale. Rodd yn rhaid bod i lawr ar gyfer brecwast erbyn naw o'r gloch cyn mynd i sesiwn ymarfer ar gyfer y gêm yn erbyn Awstralia ar y dydd Sadwrn wedyn. Pan es i mewn i'r ystafell fwyta fe gododd pob un o'r bois ar eu traed, a Ryan yn eu plith, i roi cymeradwyaeth i fi. Rown i'n gwerthfawrogi hynny'n fawr iawn ond rodd hi'n anodd credu mai fi oedd Chwaraewr y Flwyddyn.

2. ANRHYDEDDAU ERAILL

YR WYTHNOS WEDYN RODD yn rhaid neud trip arall i Lundain. Yn ystod fy ngyrfa dw i wedi ca'l y fraint o fod yn aelod o sawl tîm rygbi ar y lefel ucha, fel tîm Saith Bob Ochr Cymru, tîm llawn Cymru a thîm y Llewod. Ond rodd un anrhydedd arbennig ar ôl heb ei hennill, sef ca'l fy newis i gynrychioli'r Barbariaid. Rown i wrth fy modd felly pan ges i wahoddiad i ymuno â'u carfan ar gyfer y gêm yn erbyn Awstralia yn y Wembley newydd, ar nos Fercher, 3 Rhagfyr.

Rodd y profiad yn un arbennig iawn. Yn y lle cynta rodd hi'n fraint ca'l cymdeithasu a chware gyda chymaint o chwaraewyr gore'r byd rygbi. Rodd y rhan fwya o dîm y Barbariaid yn aelodau o dime Seland Newydd a De Affrica, ac yn eu plith enwogion fel Joe Rokocoko, Jerry Collins, Richie McCaw, Bryan Habana, Jean de Villiers a Schalk Burger. Yn nhîm Awstralia hefyd, wrth gwrs, rodd rhai sêr fel Loti Tequiri, Matt Giteau a George Smith. Wrth gwrs, rown i wedi dod

11

wyneb yn wyneb â'r rhan fwya ohonyn nhw yn Stadiwm y Mileniwm y dydd Sadwrn cynt.

Rodd y cyfnod byr cyn y gêm yn un y gwnes i ei fwynhau yn fawr. Gan fod y Barbariaid yn aros yng ngwesty'r Park Lane fe geson ni gyfle da i ddod i nabod ein gilydd. Rown i'n rhannu ystafell gyda Bryan Habana ac erbyn hyn ry'n ni wedi dod yn ffrindie. Down i ddim wedi ca'l fy newis i ddechre'r gêm ond profiad pleserus iawn odd dod ar y cae ar gyfer yr ail hanner. Rodd hi'n gêm galed gyda'r Awstraliaid yn llwyddo i chwalu llawer o'n hymdrechion gore ni gyda'u hamddiffyn cadarn. Eto, fe lwyddes i'w hosgoi nhw ar un achlysur ar yr asgell, cyn pasio i Jerry Collins a groesodd am gais. Dodd hynny ddim yn ddigon, gwaetha'r modd, ac fe enillodd Awstralia 18 – 11 ond joies i'r gêm.

Rown i wedi edrych ymlaen yn fawr at fynd i'r Wembley newydd am y tro cynta. Down i, serch hynny, ddim yn meddwl llawer o wyneb y cae er i'r stadiwm ei hun a'r cyfleustere sydd yno wneud argraff arna i. Ond ches i fawr o gyfle i fwynhau ar ôl y gêm achos bu'n rhaid i fi, Gail a Mam, a ddath lan i Lundain gyda fi, fynd yn ôl gartre'r noswaith 'ny. Yn anffodus rodd ymarfer pwysig gyda'r Gweilch y bore wedyn ac rodd disgwyl i fi fod yno. Eto fe geson ni i gyd amser da iawn.

Ychydig ddyddie'n ddiweddarach derbynies i anrhydedd fawr arall. Mewn cinio arbennig yn Stadiwm SWALEC yng Ngerddi Soffia, Caerdydd, ces i fy newis yn Bersonoliaeth Chwaraeon BBC Cymru ar gyfer 2008, diolch i ymdrechion y cyhoedd a bleidleisiodd i fi. Down i ddim yn gallu credu'r peth. Rodd llawer o bobl wedi dweud wrtha i taw y fi odd eu dewis nhw ac fe ddwedodd rhai o'r Aman wrtha i eu bod nhw wedi ffonio fwy nag unwaith er mwyn rhoi eu pleidlais i fi. Ond rodd enwau mawr yn fy erbyn i, pobl fel Joe Calzhage a Nicole Cooke, y ddau wedi cyrraedd eu nod o fod y gore yn eu meysydd yn ystod y flwyddyn. Down i ddim yn meddwl bod gobaith 'da fi yn erbyn y fath berfformwyr.

Eto, wedi i Joe ddod yn drydydd rown i'n hanner meddwl y gallwn i falle ga'l fy newis yn un o'r ddau safle cynta. Yna, pan gafodd Nicole ei henwi yn yr ail safle fe ddechreues i deimlo'n nerfus. Syr Chris Hoye, a enillodd dair medal aur yng ngêmau Olympaidd Beijing, odd yn darllen yr enwau a phan alwodd e fy enw i fel Personoliaeth Chwaraeon 2008, ces i sioc fawr arall. Unwaith eto does 'da fi fawr o gof o'r hyn ddwedes i wrth dderbyn y tlws.

Bues i'n siarad tipyn gyda Joe wedyn. Dw i wedi bod yn un o'i ffans mawr e ers blynyddoedd ac wedi bod yn dilyn ei yrfa'n ofalus. Rodd fy mrawd, Dean, wedi dod gyda fi i'r cinio ac yn daer am ga'l llun ohono fe gyda Joe, ac rown i'n falch iawn o allu trefnu hynny. A dweud y gwir, dw i fy hunan yn lico ca'l cwrdd â sêr y byd chwareon a'r byd adloniant ac rown i wrth fy modd yn sgwrsio â Syr Chris Hoye ar ôl y cinio. Ces i gyfle i gyfarfod e wedyn, ychydig ddyddiau ar ôl hynny, yng nghinio BBC Sports Personality of the Year yn Lerpwl.

Mae'n anodd dweud odd ennill tlws Chwaraewr Rygbi'r Flwyddyn yn bwysicach na chael fy newis yn Bersonoliaeth Chwaraeon y BBC. Yn sicr, o ystyried yr holl chwaraewyr o safon sy'n chware rygbi rhyngwladol y dyddie hyn, rodd ca'l fy newis fel y gore ohonyn nhw yn golygu llawer iawn i fi. Yn yr un modd rodd sylweddoli bod gwylwyr a gwrandawyr y BBC yn ystyried bod yr hyn dw i wedi'i gyflawni yn ystod 2008 yn bwysicach na champ y sêr eraill yn anodd i'w gredu. Beth bynnag am hynny, rodd ennill y ddwy wobr yn brofiad ffantastig a bythgofiadwy. Mae'r ddau dlws yn eistedd yn daclus ar y mantlpis gartre ac yn fy atgoffa pa mor ffodus dw i wedi bod.

Rodd hi'n flwyddyn ryfeddol i fi. Dw i'n dal i binsio'n hunan er mwyn neud yn siŵr nad breuddwyd ydy'r cyfan. Alla i ddim credu bod crwt bach o Lanaman, odd, ychydig dros ddeng mlynedd yn ôl, yn hollol hapus i chware i dîm cynta'r Aman, wedi llwyddo cystal. O ganlyniad, mae'r wythnosau diwetha wedi bod fel ffair. Dw i'n ca'l galwade i fod yn bresennol yn fan hyn a fan draw mewn digwyddiade sy'n ca'l eu cynnal gan fy noddwyr. Mae papure newydd a'r cyfrynge yn gofyn yn gyson am gyfweliade. Ac mae cylchgrone, fel *Cosmopolitan* hyd yn oed, wedi bod ar fy ôl i i gynnal sesiyne tynnu llunie.

Wrth gwrs, rhaid ffindio amser i chware rygbi hefyd. Mewn gwirionedd dw i'n gorfod trio trefnu'r holl ddigwyddiade eraill yn ystod yr unig ddiwrnod rhydd yr wythnos y byddwn ni'n ei ga'l gan y Gweilch. Mae'n golygu bod y diwrnod hwnnw yn un hir a bisi. Canlyniad arall i'r holl brysurdeb ym mis Tachwedd a Rhagfyr odd nad own i'n treulio cymaint o amser ag rown i eisie gyda Gail a Georgie, ein merch fach. Ond i neud lan am hynna fe geson ni ychydig o ddyddie ffantastig gyda'n gilydd yn Disneyland ym Mharis jest cyn y Nadolig. Bydda i'n siŵr o fynd nôl yno cyn bo hir gan i ni fwynhau cymaint.

3. TYFU YM MHENTRE GLANAMAN

Ers pan own i'n grwtyn bach iawn ym mhentre Glanaman dim ond un peth rown i eisie neud, a chware odd hynny. Bob cyfle byddwn i'n ei ga'l fe fyddwn i a'n ffrindie'n mynd lawr i'r parc lleol, i'r tip glo odd ar bwys, neu'n mynd mas ar yr heol, i chware. Dodd dim dal beth fydden ni'n chware. Weithe gême fel 'British Bull Dog', 'Fox and Hounds', a 'touch'. Bydden ni hefyd yn cnoco ar ddryse tai a rhedeg bant nerth ein traed, rhag ofan i ni ga'l ein dala gan y bobl odd yn byw yno. Ambell waith fe fydden nhw'n ca'l llond bola ar ein drygioni ni ac yn galw'r heddlu. Wedyn rodd yn rhaid i ni redeg hyd yn oed yn glouach! Ma'n siŵr 'da fi mod i wedi dysgu rhai o'r sgilie dw i'n eu defnyddio ar y cae rygbi heddi yn ystod y dyddie hynny.

Ond wrth gwrs ro'n ni i gyd yn dwlu chware rygbi hefyd. Dodd neb yn y teulu wedi bod yn chware rygbi. Fe gododd fy niddordeb i am fod rygbi yn bwysig iawn ym mywyd y pentre. Rodd prifathro Ysgol Gynradd Glanaman, Alan

Davies, yn hoff iawn o rygbi ac rown i'n aelod o dîm yr ysgol ers pan own i'n naw mlwydd oed. Rown i'n chware fel mewnwr y dyddie hynny, safle odd, fel arfer, yn iawn ar gyfer rhywun bach a bywiog. Wrth gwrs, ma' gan y mewnwr ran bwysig i'w chware drwy'r gêm ac i fi, rodd hynna'n siwto i'r dim. Yn y dyddie hynny hefyd y fi odd y chwarewr lleia ar y cae ond rown i'n ca'l rhyw bleser arbennig wrth daclo'r bois mawr. Rown i fel tawn i eisie profi mod i cystal â phawb arall, er eu bod nhw lot yn fwy na fi, ac ma'r ffordd 'na o feddwl wedi aros 'da fi hyd heddi.

Dodd dim llawer o hyfforddiant i' ga'l bryd hynny, dim ond ein dysgu ni shwd i daclo'n iawn, falle, a shwd i gadw'r rheole. Ar joio rodd y pwyslais a dyna shwd rown i'n chware. Rodd y pleser cyment yn fwy pan fydden ni'n maeddu un o ysgolion mawr erill yr ardal, fel Ysgol Brynaman. Rown i wastad yn fwy penderfynol o ennill yn eu herbyn nhw, yn enwedig gan fod Dad yn byw yn Brynaman. Rodd e a Mam wedi gwahanu erbyn yr amser hynny ac fe fydde fe'n dweud wrtha i taw Brynaman rodd e'n ei gefnogi. O edrych nôl dw i'n meddwl bod hynna falle yn rhan o'r seicoleg rodd e'n ei ddefnyddio i neud i fi chware hyd yn oed yn galetach. Ac fe weithodd e.

Fel pob crwtyn arall yn yr ardal rown i'n breuddwydio weithe am chware i Gymru ryw ddiwrnod ac rown i'n meddwl y byd o sêr fel Gareth Edwards (odd wrth gwrs yn dod o Wauncaegurwen, y pentre nesa, bron), Gerald Davies, Ieuan Evans a Phil Bennett. Yn rhyfedd iawn, tîm Llanelli rown i'n ei gefnogi er bod pobl Glanaman fel arfer yn dilyn Castell-nedd neu Abertawe. Rodd gan y clwb rygbi lleol, yr Aman, ran bwysig ym mywyd y pentre ac fe fues i'n eu gweld nhw'n chware sawl gwaith pan own i'n grwtyn bach. Bryd hynny, down i ddim wedi meddwl llawer am chware rygbi i dîm y pentre.

Y rheswm am hynny, falle, odd mod i a'n ffrindie yn lico cyment o chwaraeon gwahanol, yn enwedig pêl-droed. Rodd yn dibynnu pa bêl odd ar ga'l wrth benderfynu pa gêm i chware – rygbi pan fydde pêl rygbi 'da ni, neu bêl-droed fel arall. Ond un peth nad odd byth yn newid, rodd digon o ffrindie wastad ar ga'l yn gwmni. Bois fel Barry Windsor, Ian Thomas, Simon Morgan, Timothy Hendre, Ioan Rees, Jamie Morgan, Brian James a Huw Jenkins. Hefyd, fe fyddwn i'n chware tipyn gyda 'mrawd Dean, sy dair blynedd yn ifancach na fi.

Ma'r bechgyn rwy wedi'u henwi i gyd yn dal i fyw yn yr ardal ac ry'n ni'n ffrindie mawr o hyd. Hefyd ry'n ni'n lico meddwl nad ydyn ni ddim wedi newid dim ar hyd y blynyddodd. Rŷn ni'n dal i drin ein gilydd fel bydden ni'n neud pan oedden ni'n blant. Dyna un rheswm pam nad ydw i byth eisie symud o'r ardal. Ond, yn ddiddorol iawn, er ein bod ni i gyd wedi chware eitha tipyn o rygbi ar y parc ac i Ysgol Glanaman, ar ôl gadel yr ysgol, fe a'th pob un, heblaw am Huw a fi, mla'n i chware pêl-droed, yn hytrach na rygbi.

4. SYMUD O YSGOL GLANAMAN

DOWN I DDIM YN edrych mla'n at adel Ysgol Glanaman. Down i ddim yn sgolar o bell ffordd ond rown i'n joio bod 'na. Rodd y syniad o fynd i Ysgol Gyfun Dyffryn Aman yn hala ofan arna i, am nifer o resyme. Rodd y rhan fwya o fois Glanaman wedi neud yr un dewis â fi. Ond rodd rhai o'n ffrindie i wedi penderfynu mynd i ysgolion erill, fel Ysgol Gyfun Ddwyieithog Ystalyfera neu Ysgol Gyfun Cwm Tawe, ym Mhontardawe, felly rown i mynd i weld eu heisie nhw. Eto, fe fuodd symud i'r ysgol fawr yn gyfle i neud ffrindie newydd, bechgyn fel Mark Hutchings, o Tŷ-croes, sydd erbyn hyn yn un o'n ffrindie gore i.

Rown i wedi clywed straeon bod pethe dychrynllyd yn digwydd i ddisgyblion newydd yn Ysgol Dyffryn Aman. Yno, ma'n debyg, fe fydde 'mhen i, a phen nifer o fechgyn erill, yn ca'l eu stwffo i bob math o lefydd gwlyb. Ond ddim fel 'na fuodd hi o gwbl. Rown i'n hapus iawn yn yr ysgol honno. Wrth gwrs fe fues i'n chware rygbi yno o'r diwrnod cynta, ond i'r ail dîm y byddwn i'n ca'l fy newis yn aml iawn ar bob lefel drwy'r ysgol. Rodd bois yr un oedran â fi nawr yn tyfu i fod gymaint eto yn fwy na fi ac rodd hi'n galed cystadlu â nhw ar y cae pan own i'n chware i'r tîm cynta. Yn aml rodd angen tipyn o seis a phwyse i allu ca'l y gore ohonyn nhw a dodd y ddau beth 'na ddim 'da fi.

Ond dodd dim ofan arna i ac fe fyddwn i'n rhoi cant y cant wrth drio taclo, er enghraifft. O ganlyniad rown i'n ca'l fy anafu'n aml a dodd e ddim yn beth dieithr i fi fod yn cerdded ar hyd y lle gyda llygad du, neu drwyn wedi chwyddo. Rodd 'da ni athrawon da yn ein hyfforddi ni, fel Carwyn Jones, Bobby Jones ac yn enwedig Mr Dai Beynon. Dw i'n dal yn ffrindie gydag e ond am ryw reswm, hyd yn oed pan fydda i'n ei weld e heddi, dw i'n gorfod dweud 'Mr Beynon'. Fel 'na dw i'n teimlo'n gartrefol yn ei gyfarch e. Rown i'n dal i chware yn safle'r mewnwr ac yn dysgu llawer am y sgilie sydd eu hangen yn y safle hwnnw.

Y dyddie hynny, down i ddim yn rhoi sylw arbennig i ochrgamu. Ma'n rhaid bod y sgìl arbennig honno wedi tyfu'n naturiol, yn aml iawn yn rhan o'n chware ni ar y parc neu ar iard yr ysgol. Falle mod i wedi dysgu ochrgamu er mwyn gallu dod o afael bois odd yn llawer mwy na fi. Rown i wastad yn ca'l mwy o gyfle a mwy o le i redeg â'r bel gyda'r ail dîm. Wedi'r cyfan, dyna pam rown i'n chware'r gêm, felly dodd dim ots 'da fi mod i ddim yn ca'l fy newis i'r tîm cynta mor aml â hynny. Rown i'n joio chware.

Gan mod i mor fach rown i'n darged rhwydd i ambell fwli yn yr ysgol. Ond 'nes i ddim diodde llawer, achos bod 'da fi ffrindie da, yn fechgyn a merched, odd yn edrych ar fy ôl i. Er mod i'n fachan eitha tawel ar y cyfan rwy wedi ei ffindio hi'n hawdd eriôd i gymysgu gyda phobl erill. O ganlyniad rown i'n gyfeillgar iawn â'r rhai o'r un oedran â fi odd wedi mynd i Ysgol Dyffryn Aman o Ysgol Glanaman. Hefyd, rown i'n ffrindie gydag un neu ddau o fois odd yn chware gyda fi yn un o dime iau Clwb Rygbi'r Aman, fel Christian Davies a Seth, odd dipyn bach yn henach na fi. Ro'n ni i gyd yn chware i'r tîm dan 13 oed, eto dim ond 11 mlwydd oed own i ar y pryd. Felly ro'n nhw'n fois handi i'w nabod pan own i'n ca'l probleme 'da ambell i fwli.

Rown i, serch hynny, yn barod withe i amddiffyn fy hunan ac fe ges i sawl ffeit ar yr iard yn ystod y blynyddodd cynnar. Fel arfer, y fi fydde'n dod mas ohoni waetha ond fe fuodd yr agwedd yna o fod yn barod i sefyll ac amddiffyn fy hunan, er gwaetha'n seis i, o help mawr i fi drwy'r cyfnod pan own i yn yr ysgol a thrwy fy mywyd i hyd yn hyn.

5. YSGOL DYFFRYN AMAN

YN YSTOD Y CYFNOD pan own i yn Ysgol Dyffryn Aman rodd 'na un gamp rown i'n ei lico'n fwy na rygbi, a gymnasteg odd honno. Fe fues i'n ymarfer ac yn cystadlu'n frwd ar y gamp hon o'r flwyddyn gynta tan i fi adel yr ysgol yn Nosbarth Chwech. Wrth gwrs, ma' gymnasteg yn gallu bod yn ddanjerus iawn ac ma' eisie gofal mawr wrth ymarfer ac wrth berfformo. Dw i'n credu taw dyna beth nath i fi ddechre yn y lle cynta. Dw i wastad wedi bod yn un sy'n lico 'byw ar yr ymyl' ac yn barod i drio unrhyw beth sy â rhyw risg yn rhan ohono fe. Pan fyddwn i a'n ffrindie'n adeiladu 'swing' yn sownd wrth goeden pan own i'n grwtyn, y fi fydde'r cynta i fynd arni er mwyn gweld a odd hi'n saff. Alla i ddim dweud bod agwedd fel 'na'n talu ffordd bob tro ond rodd hyn, unwaith eto, yn rhan o'r awydd 'na sy wedi bod yno i eriôd i wynebu sialens.

Ond rown i'n lwcus bod 'da fi athrawon gymnasteg da, fel Miss Gazzi, Carwyn Jones a

Mr Beynon, odd yn gwbod beth ro'n nhw'n neud. Fe fyddwn i'n ymarfer yn y *gym* bob awr ginio, ar hyd y blynyddodd, odd yn profi mod i'n joio neud. Withe, fe fyddwn i'n dewis mynd i'r *gym* yn lle mynd mas i chware rygbi hyd yn oed. Fe fues i'n cystadlu dros yr ysgol ym mhencampwriaethe'r sir sawl gwaith ac unwaith fe es i mla'n i Bencampwriaethe Cymru. Rodd y safon dipyn yn uwch yn y fan'na ac rown i'n gwbod bod y rhan fwya o'r bois erill lawer yn well na fi. Yn wir, a'th rhai ohonyn nhw mla'n i gynrychioli Cymru mewn gymnasteg ond fe 'nes i fwynhau'r profiad o ga'l cystadlu yn eu herbyn nhw yn fawr iawn.

Yn y *gym* beth rown i'n lico neud ore odd ymarferion ar y llawr a hefyd defnyddio'r vault neu'r ceffyl. Yn wahanol i rygbi, rodd hyn yn rhoi pwyse arna i fel unigolyn ac yn cynnig sialens o fath gwahanol. Ond hefyd rodd e'n help i fi wrth chware rygbi a phêl-droed. Rodd hi'n ffordd o roi tipyn o bŵer yn fy nghoese i ac o roi gwell balans i fi wrth symud yn glou. Yn aml rodd gofyn i fi sbrinto'n galed dros bellter byr a dysgu cynnal fy mhwyse'n hunan. Am y rhesyme hynny fe fyddwn i'n dweud wrth unrhyw un sydd am chware rygbi neu bêl-droed o ddifri i neud rhywfaint o gymnasteg hefyd.

Erbyn i fi gyrradd Dosbarth Pump rown i'n

chware llawer o bêl-droed. Ar ddydd Sadwrn fe fyddwn i'n chware rygbi i un o dime'r ysgol yn y bore. Wedyn, yn y prynhawn, fe fyddwn i'n chware i dîm pêl-droed ieuenctid Cwmaman. Fe fyddwn i'n chware ar yr asgell whith fel arfer, gan taw'r drôd whith sy gryfa 'da fi. Ond, a falle y byddwch chi'n ei cha'l hi'n anodd credu hyn, fe fues i'n chware un tymor yn safle'r golwr. Yn bendant, y fi odd y golwr byrra yn y gynghrair ond rown i'n gallu neidio'n uchel. Ar ben hynny, fe fyddwn i'n raso ar hyd y cwrt cosbi fel cath wyllt! Ond rodd un tymor yn y gôl yn ddigon i fi. A dweud y gwir, rodd e'n safle diflas iawn gan nad odd dim byd i'w neud am y rhan fwya o'r gêm, a down i ddim yn lico 'na o gwbl.

Rown i'n ffindo gwaith ysgol yn galed iawn. Rown i'n joio mynd i'r holl wersi ond dodd dim lot o siâp arna i'n dysgu. 'Yn hoff bwnc i, heblaw am Addysg Gorfforol, odd Celf a Dylunio. Rown i wrth fy modd yn gwitho gyda'n nwylo, yn neud pethe mewn gwersi crochenwaith neu yn neud llunie. Rown i wastad yn dwdlan pan own i yn yr ysgol ond, yn llawer rhy aml, fe fyddwn i'n neud hynny mewn gwersi heblaw gwersi celf – pan ddyle 'meddwl i fod ar ryw bwnc arall. Rown i'n lico astudio Daearyddiaeth, Hanes a hyd yn oed Maths ac yn joio sgrifennu straeon yn y wers Saesneg. Ond rodd trio dysgu

Almaeneg yn un o'r pethe mwya anodd rwy i wedi i neud eriôd ac rown i'n anobeithiol mewn Gwyddoniaeth.

Er hynny fe 'nes i'n eitha da yn yr arholiadau TGAU ac fe es i mlân i'r Chweched Dosbarth i astudio cyrsiau GNVQ mewn Hamdden, Twristiaeth a Busnes. Ond rown i'n ffindio'r gwaith yn drwm iawn. Felly, yn ystod ail flwyddyn y chweched, fe benderfynes i adel yr ysgol.

6. SWYDDI

Rodd Mam wedi neud ei gore eriôd i neud yn siŵr nad own i, Dean na'n wha'r fach, Hayley, yn gweld eisie dim byd. Ond rodd arian wastad yn brin ac rodd hi'n anodd iawn arni'n aml. Fel ro'n ni'r plant yn tyfu rodd eisie mwy a mwy o arian arnon ni. Felly rodd hynna'n rheswm arall pam y penderfynes i adel yr ysgol a mynd i whilo am waith.

Y jobyn cynta ges i odd un gyda chwmni odd yn neud a gosod ffenestri. Rown i'n ca'l £50 yr wythnos odd yn arian mawr iawn i fi. Ond rown i'n gorfod gwitho whech diwrnod yr wythnos ac wyth awr y dydd i ennill yr arian hynny. Dodd dim llawer o bleser i ga'l yn y gwaith achos rown i'n was bach i bawb arall. Beth bynnag rodd y dynon erill ei angen, y fi odd yr un fydde'n gorfod rhedeg i'w moyn e. Ac fe fydden nhw, yn aml er mwyn ca'l tipyn o sbort, yn neud yn siŵr mod i'n fisi ar hyd y dydd. Ar ôl tipyn fe flines i ar y gwaith hynny ac fe ges i jobyn mewn becws yn Llandybïe.

Un peth odd wedi neud bywyd damed bach

yn haws erbyn hyn odd mod i wedi ca'l car. Fe ges i fenthyg £50 'da Mam i brynu hen fangyr o Escort, a finne wedyn yn talu £5 yr wthnos yn ôl iddi. Rhoiodd hi ychydig o wersi i fi ac fe fues i'n practiso tipyn 'yn hunan ar bishyn o dir odd 'da Mam-gu wrth ochr y tŷ. Wedyn, ar ôl paso'r prawf, bant â fi.

'Y ngwaith i yn y becws odd troi'r toes mewn llestr mawr cyn y pobi, neud teisenne bach a symud bocsys yn y storfa. Dodd e ddim yn waith rhy anodd ond dodd yr orie ddim yn 'yn siwto i o gwbl. 'Dw i eriôd wedi bod yn un da am godi yn y bore ac ar gyfer gweitho yn y becws rodd yn rhaid i fi fod mas o'r gwely am bump o'r gloch y bore. Fe fyddwn i'n bennu gwaith yn weddol gynnar yn y prynhawn ac yna'n mynd gartre i ga'l tipyn bach o gwsg. Rown i'n mynd mas bob nos, naill ai i weld Gail, neu i ymarfer pêl-droed neu rygbi.

Cyn bo hir rown i'n ei cha'l hi'n anodd i gadw ar ddihun yn y becws. Yn sicr down i ddim yn fywiog iawn wrth fy ngwaith a phan benderfynodd y cwmni bod gormod o staff 'da nhw fe ofynnon nhw i fi adel. Bues i wedyn yn labro am dipyn, yn cymysgu siment ac yn llwytho brics ac yn y bla'n i gwmni adeiladu, ac yna fe fues i ar y dôl. Down i ddim yn lico hynny o gwbl ac fe fues i'n mynd yn rheolaidd i'r Ganolfan Waith i drio dod o hyd i jobyn arall. Fe fydde llawer o ddynon yn dod 'na odd ddim isie gwaith beth bynnag. Er mod i'n daer i ffindo gwaith down i ddim yn ca'l fy nghownto'n wahanol iddyn nhw. Rodd hynna'n brofiad diflas iawn.

Wrth fynd nôl a mla'n i'r Ganolfan Waith fe weles i fod swydd YTS yn y Ganolfan ei hunan yn ca'l ei hysbysebu, felly fe benderfynes i drio amdani. Dodd hi ddim yn talu llawer; rown i wedi bod yn ennill mwy wrth labro. Ond rodd e'n jobyn rown i'n teimlo y basen i'n lico 'i neud, achos byddwn i'n ca'l cyfle i iwso tipyn bach ar fy mrêns, odd yn newid i fi. Rodd rhaid i fi eu perswadio nhw mod i'n addas ar gyfer y swydd. Wedi'r cyfan ro'n nhw'n gallu gweld mod i ddim wedi aros mewn unrhyw jobyn yn hir iawn ers gadel yr ysgol.

Ond fe ges i'r swydd. Rodd hi'n anodd ar y dechre ond dodd hi ddim yn hir cyn i fi setlo 'na. Rodd tipyn o'r gwaith yn gofyn am ddefnyddio cyfrifiadur ac er mod i wedi ca'l rhywfaint o gyfle i neud hynny yn yr ysgol, rodd yn rhaid i fi ddysgu wrth i fi weithio yno o ddydd i ddydd. Un o'r sgilie pwysica rodd ei hangen ar gyfer y gwaith odd y gallu i drin pobl. Ac rown i'n eitha da am neud hynny. Rodd hi'n swydd hefyd odd yn neud i fi deimlo rhywfaint o gyfrifoldeb dros y rhai fydden whilo am waith. Rodd llawer ohonyn nhw'n bobol rown i'n eu nabod. Oherwydd hynny rodd hi'n bwysicach byth mod i ddim yn gadel neb lawr.

Rodd y gwaith hyn yn neud i fi deimlo bod 'da fi, o'r diwedd, ryw bwrpas mewn bywyd. Ar ôl rhai misoedd fe gafodd swydd barhaol ei hysbysebu yn y Ganolfan, swydd odd yn talu llawer mwy na'r £30 yr wythnos rown i'n ei ga'l o dan y YTS. Ond yn bwysicach na hynny, rown i'n joio neud y siort hyn o waith ac rown i'n gwbod y gallwn i neud y gwaith yn iawn. Dries i a naw arall am y swydd ac rown i wrth fy modd pan glywes i mod i wedi bod yn llwyddiannus.

Rown i'n hapus iawn yn gwitho 'na a phan odd yn rhaid i fi benderfynu gadel er mwyn canolbwyntio ar chware rygbi'n broffesiynol rown i'n ddigon siomedig, a dweud y gwir. Oni bai am greu gyrfa yn y byd rygbi, ma'n bosib y byddwn i'n dal o hyd mewn swydd debyg i'r un odd 'da fi yn y Ganolfan Waith. Mewn gwirionedd byddwn i wedi bod yn falch iawn o ga'l neud gwaith fel yna.

7. CHWARAEON

 OND AM FLWYDDYN NEU ddwy ar ôl gadel ysgol bues i'n chware mwy o bêl-droed na rygbi. Rown i wedi bod yn troi mas yn aml i glwb pêl-droed Cwmaman fel asgellwr chwith. Dodd eu cae nhw ddim yn bell o nghartre i ac ers pan own i'n grwtyn bach bues i'n treulio tipyn o amser lawr yno'n chware gyda'n ffrindie.

Abertawe odd y tîm rown i'n ei gefnogi a bues i a'r bois lawr ar y Vetch ambell waith i'w gweld nhw'n chware. Yn wir, un amser bues i'n meddwl bod gobaith gyda fi i fod yn chwarewr proffesiynol gyda'r Swans.

Rown i'n neud yn eitha da gyda thîm Cwmaman ac yn sgorio tipyn o goliau. O ganlyniad daeth Alan Curtis, un o hyfforddwyr clwb Abertawe, i ngweld i'n chware fwy nag unwaith. Un tro chwaraees i dîm Rhydaman, mewn rhyw fath o dreial, yn erbyn y Swans. Ces i dipyn o hwyl arni a daeth cyfle i fynd i ymarfer gyda nhw lawr yn Abertawe gwpwl o weithie. Ond, i fi, ca'l tipyn o sbort ac enjoio odd y peth pwysig. Ac rown i'n gwybod mod i'n gallu neud hynny wrth chware rygbi hefyd. Felly down i ddim yn rhoi'r sylw i gyd i bêl-droed.

Rodd Clwb Rygbi'r Aman hefyd jest lawr yr hewl o'n tŷ ni ac ers pan own i'n grwtyn bach, treulies i lot fawr o amser yn fanna hefyd. Bues i'n chware i bob un o dime'r clwb gan amrywio o oedran i oedran. Dechreues i gyda'r tîm dan ddeuddeg oed ond, fel y digwyddodd hi gyda phob un o'r time hynny, rown i bob amser ddwy flynedd yn ifancach na'r bois eraill odd yn chware. Fel rwy i wedi dweud yn barod, un bach rwy i wedi bod eriôd. Ond yn y dyddie hynny, gan mod i hefyd gymaint yn ifancach na'r chwaraewyr eraill fel arfer, rodd y gwahaniaeth mewn seis rhyngddyn nhw a fi gymaint yn fwy.

Eto, rown i'n joio'r sialens, yn enwedig wrth drio taclo'r bois mawr. Ond down i byth yn ca'l anafiadau ac rown i'n gallu rhedeg drwy'r dydd. Gan taw mewnwr odd 'yn safle i, rown i'n chware rhan amlwg yn y gêm ac rodd hynna'n siwto fi i'r dim. Er mod i'n ca'l tamed bach o hyfforddiant gyda rhai o fois y clwb, down i ddim yn ei gymryd e'n seriws iawn. Rown i jest eisie tamed bach o sbri a chware fel rown i moyn neud. Er hynny, mae ambell i hyfforddwr yn sefyll mas yn fy nghof i o achos y parch odd gyda fi ato, er enghraifft Alan 'Chico' Davies, odd yn hyfforddi y tîm dan 12. Ar ôl gweithio gyda Chlwb yr Aman fe wnaeth ei farc fel hyfforddwr hefyd gyda Chlwb Aberafan ac yna gyda chlwb mas yn yr Iseldiroedd. Yn anffodus, buodd Alan farw ychydig wythnosau yn ôl mewn damwain car yn Sbaen.

Pan own i'n chware i dîm ieuenctid yr Aman fe geson ni dymor arbennig o dda – dim ond colli dwy gêm. O ganlyniad fe gafodd rhai ohonon ni gynnig gan Alan 'Chico' i fynd draw i ymarfer gyda Chlwb Aberafan, lle rodd e'n hyfforddwr. Yn dilyn hynna ces i dreial gyda'r clwb ac er i fi neud yn eitha da, penderfynes i taw nôl yn yr Aman rown i eisie bod, gyda'n ffrindie. Er hynny, dewisodd eraill yn y tîm ieuenctid aros gydag Aberafan. Cyn symud ymlaen i chware i dîm cynta'r Aman ces i gwpwl o gême gyda'r ail dîm ac rown i wrth fy modd yn chware iddyn nhw. Bryd hynny bydde gyda fi bob amser ddigon o gyfle i redeg â'r bêl yn fy nwylo ac i sgori ceisie, sef y ddau beth odd yn rhoi'r pleser mwya i fi ar gae rygbi.

Rodd sôn bob hyn a hyn mod i'n chware'n ddigon da i ga'l fy newis i chware yn y treialon rhanbarthol ar gyfer tîm ieuenctid Cymru, ond ddigwyddodd hynny ddim. A dweud y gwir, tra own i yn nhime'r ysgol a gyda'r Aman, ches i eriôd fy mhigo i chware i dîm rhanbarthol ar gyfer unrhyw oedran. Gallai hynna fod wedi arwain, falle, at ga'l cap dros Gymru ar ryw lefel. Ond dyna un peth sy'n fy ngneud i'n wahanol i'r rhan fwya o'r bechgyn sydd yn chware i'r tîm cenedlaethol heddi. Mae bron pob un ohonyn nhw wedi ca'l ei ddewis i gynrychioli Cymru ar ryw lefel yn y gorffennol. Eto, dw i'n gwybod taw arna i mae'r bai am hynna. Petawn i wedi rhoi fy meddwl yn llwyr ar wella fy hunan fel chwarewr rygbi a chanolbwyntio ar y gêm honno, falle y base hi'n stori wahanol. Ond rown i'n moyn neud yr hyn rodd yn rhoi'r pleser mwya i fi ar y pryd. Wrth gwrs, erbyn heddi sdim ots gyda fi o gwbl bod fy ngyrfa i wedi troi mas fel mae hi.

Cyn bo hir rown i'n joio chware i dîm cynta'r Aman yng Nghynghrair Gorllewin Cymru ac yn ca'l tipyn o lwyddiant. Eto rodd y dynfa at Glwb Pêl- droed Cwmaman yn gryf hefyd ac ar adege byddwn i'n chware pêl-droed un wythnos ac yna rygbi'r wythnos wedyn. Ac nid dim ond i'r Aman bues i'n chware rygbi chwaith. Tan fy nhymor ola i gyda nhw, down i eriôd wedi gorfod arwyddo dim byd odd yn fy nghlymu i wrth un clwb yn arbennig. Felly ces i ambell i gyfle i droi mas i dime Brynaman a Rhydaman hefyd.

Erbyn hyn galla i ddeall y broblem rown i'n ei achosi i ddewiswyr a hyfforddwyr y time hyn i gyd. Wedi'r cyfan, ro'n nhw'n trio adeiladu time sefydlog gyda'r un bois yn chware iddyn nhw wythnos ar ôl wythnos. Ond doedd dim llawer o obaith gyda nhw o neud hynna os own i'n dewis chware i dime gwahanol bob Sadwrn. Eto, os oedden nhw'n fodlon fy newis i chware drostyn nhw, rown i'n ddigon parod i neud hynny. Y cyfan odd yn bwysig i fi odd joio chware, beth bynnag odd siâp y bêl.

Dw i'n cofio un tro dewis peidio chware i Gwmaman mewn rownd derfynol cystadleuaeth cwpan. Rown i eisie mynd lawr i Dalacharn i chware dros yr Aman. Rodd hi'n gêm gynghrair, odd yn debyg o fod yn gêm agored iawn. A dyna fel y digwyddodd hi, a minnau'n ca'l prynhawn da iawn. Yn anffodus, collodd Cwmaman y diwrnod hwnnw ac mae'n siŵr bod fy enw i'n fwd gyda rhai o fois y bêl gron yn y pentre.

8. YMUNO Â CHLWB RYGBI BLAYDON?

YN FY MLWYDDYN OLA i gyda'r Aman ro'n ni'n ca'l ein hyfforddi gan Owen Lloyd ac Alan Edmunds, cyn-chwarewr dros Gastell-nedd a Chymru. Rodd y ddau yn meddwl erbyn hynny y dylen i fod yn chware ar safon uwch na Chynghrair Gorllewin Cymru. Fe ddwedodd Alan fod gyda fe gysylltiade mewn sawl clwb, fel Leinster, lle rodd Mike Ruddock yn hyfforddi, a hefyd â Chastell-nedd a Glynebwy. Yn ôl Alan, bydde pobl o'r clybie hyn, ma'n debyg, yn dod i ngweld i'n chware i'r Aman o bryd i'w gilydd. Yn wir ces i wahoddiad i fynd draw i ymarfer gyda Chastell-nedd ambell i noswaith ond ddath dim byd o hynna ar y pryd.

Erbyn hyn rown i wedi penderfynu canolbwyntio ar rygbi a thrio gwella fy hunan fel chwarewr. Unwaith yn Glanaman, des i wyneb yn wyneb ag Alan 'Chico' a minnau heb ei weld ers blynyddoedd. Dywedodd ei fod e'n falch iawn mod i nôl yn chware rygbi drwy'r amser. Rodd e hefyd wedi clywed bod sawl clwb wedi ystyried gofyn i fi ymuno â nhw. Yr adeg honno rodd e'n hyfforddi tîm Blaydon yng ngogledd-ddwyrain Lloegr. Rodd yn un o'r time odd yn bwydo Newcastle, un o brif glybiau Lloegr, gyda chwaraewyr addawol. Felly rhoiodd e wahoddiad i fi fynd lan i Blaydon am benwythnos i weld beth odd y clwb yn gallu'i gynnig.

Ces i groeso gwych lan yno. Bues i'n ymarfer gyda'r tîm ac es i weld Blaydon yn chware mewn gêm dreial yn erbyn Caerlŷr. Ar y pryd rown i wedi ca'l anaf neu byddwn i wedi joio cymryd rhan yn y gêm honno. Rodd Blaydon yn edrych yn glwb proffesiynol iawn. Rodd y cyfleusterau'n ardderchog yno, gyda phopeth yn rhedeg fel wats. Dyna'r tro cynta i fi brofi'r byd rygbi proffesiynol mewn gwirionedd ac rown i'n lico beth weles i'n fawr iawn. Rodd yr ardal yn braf iawn hefyd ac rodd dinas Newcastle ei hunan yn apelio'n fawr ata i.

Cyn i fi adel Blaydon fe gynigiodd y clwb gytundeb dwy flynedd i fi, odd yn meddwl y byddwn i'n ca'l fy nhalu rywfaint am chware iddyn nhw. Ar ben hynny fe ddywedon nhw y bydden nhw'n ffindo tŷ a rhoi car i fi. Rodd hyn i gyd yn demtasiwn fawr wrth gwrs ac ro'n i'n ffaelu credu'r peth! Dywedais i wrthyn nhw y byddwn i'n siŵr o ddod nôl i Blaydon i arwyddo'r cytundeb ond y byddwn i'n lico mynd nôl i Lanaman gynta i drafod gydag un neu ddau o bobl. Ond ychydig cyn i fi fynd nôl yno i dorri fy enw ar y cytundeb, fe ges i alwad ffôn gan Lyn Jones, hyfforddwr Castell-nedd, yn gofyn i fi ymuno â nhw.

Wrth edrych yn ôl, dw i ddim yn gwybod a fyddwn i wedi gallu setlo yn Blaydon. Dw i wedi dod i sylweddoli ers blynyddoedd nad ydw i byth eisie symud o ardal Dyffryn Aman. Ar ben hynny, mae'n bosibl na fydde fy ngyrfa rygbi i wedi bod mor llwyddiannus pe byddwn i wedi symud i Loegr yr adeg honno. Yn sicr, erbyn heddi, fyddwn i'n newid dim ar y ffordd mae pethe wedi troi mas i fi. Eto, rodd rhai'n siomedig iawn mod i wedi penderfynu peidio mynd i Blaydon. Rown i wedi dweud wrth rai o'n ffrindie i mod i'n ystyried ymuno â nhw. O ganlyniad fe ddechreuon nhw neud trefniadau yn y fan a'r lle i dreulio ambell i benwythnos ar y sbri gyda fi lan yno. Doedden nhw ddim yn hapus iawn i glywed, ychydig wedyn, bod eu tripie nhw wedi ca'l eu canslo.

Pan es i, yn 19 oed, i Gastell-nedd rown i'n gallu gweld ar unwaith, yn y sesiyne ymarfer, fod y safon lot yn uwch na beth rown i wedi arfer ag e gyda'r Aman. Hefyd rodd bois y Gnoll yn gryfach, yn gyflymach, yn fwy ffit ac rodd llawer ohonyn nhw'n fwy o seis na'r bois rown i wedi arfer chware gyda nhw. Ar y dechrau rown i'n teimlo nad own i'n mynd i allu cystadlu â nhw, yn enwedig wrth edrych ar rai o'r enwau mawr odd ar y cae ymarfer gyda fi – chwaraewyr rhyngwladol fel Darren Morris, Ben Evans, Rowland Phillips a Chris Bridges. Fe gymeres i amser i setlo ond cyn bo hir rown i'n gwbod mod i wedi cyrraedd y safon odd ei angen.

Fel arfer pan fydda i'n rhoi meddwl ar rywbeth, bydda i'n gweithio'n galed i drio neud yn siŵr mod i'n llwyddo. Felly, er mwyn trio neud marc yn y dyddie cynnar gyda Chastell-nedd, byddwn i'n aml yn dod nôl yn y prynhawn i ymarfer ar fy mhen fy hunan neu weithie gyda Roy Evans, odd yn un o'r staff ar y Gnoll. Bues i hefyd yn trio gweithio ar wella rhai sgilie. Er enghraifft, rown i'n ei chael hi'n fwy anodd i basio i'r chwith nag i'r dde. Rodd cico â'r droed dde'n fwy o broblem i fi na defnyddio'r droed chwith. Buodd Lyn Jones, hyfforddwr mae gyda fi'r parch mwya tuag ato, o help mawr i fi bryd hynny.

9. CHWARAE
I GASTELL-NEDD

YN AML YN YSTOD y tymor cyntaf gyda Chastell-nedd, down i ddim yn ca'l fy newis i chware gêm lawn. Rown i wedi dod oddi ar y fainc gwpwl o weithie gan feddwl mod i'n gallu cystadlu'n iawn gydag unrhyw un arall ar y cae. Ond pan ges i fy newis i chware gêm lawn am y tro cynta rown i'n gwybod mod i wedi bod yn twyllo fy hunan i feddwl mod i cystal â phawb arall. Chwarae lan yn Heol Sardis yn erbyn Pontypridd own i mewn gêm odd yn fyw ar y teledu. Y tro cynta ces i'r bêl fe daclodd Dale McIntosh fi a torri nhrwyn i. Ond fe garies i mlân ac er i fi ga'l fy nhaflu ar hyd y lle gwpwl o weithie, ces i gêm weddol dda.

Ond gwnaeth y profiade cynnar hynny i fi sylweddoli y byddwn i nawr yn dod lan yn erbyn bois mawr iawn. Fe wnes i ymdrech i roi pwyse mlân a threulio amser yn y *gym* er mwyn trio ca'l fy nghorff i greu mwy o bŵer. Rown i hefyd yn trio bwyta pethe rown i'n meddwl fydde'n dda i fi. Dodd clybie rygbi y dyddie hynny ddim yn credu bod ca'l eu chwaraewyr i gadw at ddeiet arbennig mor bwysig â hynna. Erbyn heddi, wrth gwrs, mae un person ym mhob clwb proffesiynol yn arbenigo ar roi cyngor i'r chwaraewyr ynglŷn â beth ddylen nhw fwyta ac yfed. Ac maen nhw'n rhoi pwyslais mawr hefyd ar beth na ddylen nhw fod yn ei fwyta ac yfed.

Rodd fy ngêm lawn nesa i Gastell-nedd mas yn Perpignan, yng Nghystadleuaeth Cwpan Heineken. Ro'n nhw yn un o dime mawr Ffrainc, gydag ambell i seren, fel cyn faswr Ffrainc, Didier Camberabero, yn eu tîm. Rown i'n ddigon nerfus yn mynd yno er taw dim ond ar y fainc own i fod. Ond pan glywes i, y nosweth cyn y gêm, y byddwn i'n chware o'r dechre, rodd fy nerfe i'n rhacs. Collon ni'n drwm, o ryw 40 pwynt, er mod i'n ddigon hapus â'r ffordd rown i yn bersonol wedi chware. Eto, fe fuodd yr hyn ddigwyddodd ar ôl y gêm yn dipyn o sioc i fi.

Wedi i fi newid, daeth Cadeirydd a Hyfforddwr Perpignan i chwilio amdana i er mwyn i fi arwyddo cytundeb i chware i'w tîm nhw o hynny mlân. Ro'n nhw hefyd yn barod i dalu £15,000 i Gastell-nedd pe byddwn i'n arwyddo iddyn nhw. Rown i'n ffaelu credu'r peth. Yn wir rown i'n meddwl taw jôc odd y cyfan, wedi'i drefnu gan fois Castell-nedd. Ces air gyda Lyn Jones a Mike Cuddy, Cadeirydd y Clwb, am y cynnig ond ar ôl trafod gyda nhw fe benderfynes i beidio derbyn ar y pryd. Daethon ni nôl gartre o Ffrainc a dyna pryd y ces i gynnig cytundeb llawn, am y tro cynta, fel chwarewr proffesiynol gyda Chastell-nedd.

Rodd Perpignan yn lle pert iawn ac rodd eu cynnig nhw'n apelio ata i'n fawr. Dw i'n siŵr fod Lyn a Mike yn amau y byddwn i wedi ca'l fy nhemtio i fynd i Ffrainc yn weddol glou oni bai eu bod nhw'n dod â chynnig eitha solet i nghadw i ar y Gnoll. Achos, tan hynny, rown i'n ca'l fy nhalu o wythnos i wythnos gyda Chastell-nedd, heb unrhyw sicrwydd ynglŷn â pha mor hir y bydde hynna'n para. Y trefniant rhyngo i a'r Clwb odd mod i'n ymarfer yn y bore ac yna'n helpu Roy Evans gydag ambell i jobyn yn y prynhawn. Bydden i'n neud pob math o bethe, fel paentio, cymoni'r eisteddle neu glirio sbwriel odd ar hyd y lle. Hynny yw, rown i'n rhyw fath o labrwr. Ond nawr rown i'n mynd i fod yn chwarewr rygbi proffesiynol. Ond, oni bai fod y cynnig hwnnw wedi dod oddi wrth glwb Castell-nedd pan wnaeth e, mae'n siŵr y byddwn i wedi mynd i chware yn Perpignan.

Rown i'n dwlu ar y bywyd newydd. Fel arfer fe fyddwn i'n ymarfer yn y bore ac yna, yn y prynhawn, ar wahân i'r diwrnode pan fydde gêm gyda ni, rown i'n gallu mynd gartre i ymlacio neu i wneud beth bynnag rown i eisie ei wneud. Rown i'n hapus iawn ynglŷn â'r ffordd rodd fy chware i'n datblygu ar y cae ac wrth fy modd gyda'r ffordd y cawn fy nerbyn ar y Gnoll. Dechreuodd hyn berthynas arbennig iawn rhyngo i a'r clwb a'r cefnogwyr. Ers y dyddie cynnar hynny mae'r Gnoll wedi bod yn agos iawn at fy nghalon i. Mae arna i ddyled fawr i bawb yno.

Ym mis Rhagfyr 1998, a minnau yn fy nhymor cynta fel chwarewr proffesiynol, digwyddodd rhywbeth wnaeth ga'l dylanwad enfawr ar weddill fy ngyrfa. Mewn gêm gwpan yn erbyn Wrecsam rodd rhaid, oherwydd anafiade, dewis chwarewr odd ar y fainc i chware ar yr asgell. Gofynnodd Lyn Jones i fi. Felly, ymlaen â fi ac o'r eiliad gynta rown i wrth fy modd yn y safle newydd. Ffindies i fod digon o le gyda fi i redeg a bod mwy o gyfle gyda fi i chware'r math o gêm rown i'n ei joio.

O hynny mlân dim ond ar yr asgell dw i wedi bod. Mewn gwirionedd rodd hi'n haws o lawer yno nag yn safle'r mewnwr. A doedd hi ddim yn frwydr o hyd rhyngo i a bois 20 stôn! Er hynny, mae'r profiad ges i fel mewnwr wedi bod o fantais fawr i fi fel asgellwr. Yn safle'r rhif naw, sef fel mewnwr, ry'ch chi'n gorfod sylwi ar symudiade cymaint o'r chwaraewyr eraill o'ch cwmpas. Ac fel mewnwr, ry'ch chi'n un o'r ychydig rai ar y cae sy'n gallu rheoli gêm. Mae'r gallu 'ma i ddarllen y gêm wedi bod yn gymaint o help i fi fel asgellwr. Hefyd, ma'r sgilie cicio rodd yn rhaid i fewnwr eu ca'l wedi bod o help i fi ar yr asgell.

10. CARFAN CYMRU

ROWN I'N TEIMLO'N GARTREFOL iawn yn chware ar yr asgell ac rown i'n llwyddo i sgorio tipyn o geisiade. Pan fyddwn i'n dod lan yn erbyn asgellwyr profiadol fel Wayne Proctor a Craig Morgan rown i'n gallu cystadlu'n dda iawn gyda nhw. Mwya i gyd rown i'n chware yn y safle newydd, mwya hyderus rown i'n teimlo. O achos hynny, rodd teimlo'n hyderus yn neud i fi chware'n well. Ar ôl tipyn rown i'n barod i drio rhai pethe, fel rhedeg y bêl o linell 22 'yn hunan, na fyddwn i wedi meddwl neud pan ddechreues i gyda Chastell-nedd.

Mae seicoleg a magu hyder yn bwysig iawn yn y byd chwaraeon ac rodd clywed pobl yn canmol fy chware i'n hwb mawr i fi. Rodd y wasg a phobl ar y radio a'r teledu yn dechrau sôn y dylwn i ga'l fy newis i dîm Cymru dan 21 oed. Y broblem odd mod i wedi cyrraedd rygbi'r dosbarth ucha braidd yn hwyr a mod i bron yn 21 erbyn hynny. Eto, rown i wrth fy modd fod rhai nawr yn fy ngweld i fel chwarewr fydde falle'n chware i Gymru ryw ddiwrnod. Ar y llaw, arall rodd rhai'n meddwl mod i'n rhy fach i wisgo crys Cymru. Yn eironig, dyna hefyd fydde barn prif hyfforddwr y tîm cenedlaethol cyn bo hir.

Ond daeth cyfle i brofi'n hunan ar y lefel ucha lot yn gynt nag rown i wedi'i ddisgwyl. Rodd Graham Henry, hyfforddwr Cymru ar y pryd, wedi dewis dau dîm i chware mewn treial ar gae San Helen ym mis Ionawr 2000, cyn dechrau Pencampwriaeth y Chwe Gwlad. Ychydig cyn hynny fe ges i sioc fawr o glywed mod i wedi ca'l fy newis i'r Tîm Tebygol, yn erbyn y Tîm Posibl. Y person roiodd y newyddion hyn i fi odd Mam-gu, dros y ffôn. Rodd hi wedi'i ddarllen yn y papur lleol. Yn rhyfedd, down i ddim yn teimlo'n nerfus iawn yn mynd mewn i'r gêm honno. Rown i'n gwybod bod lot gyda fi i' ddysgu o hyd am chware ar yr asgell a down i ddim yn meddwl am funud y byddwn i'n ca'l fy newis i Gymru ar gyfer Pencampwriaeth Chwe Gwlad 2000. Felly rown i am fynd mas ar y cae a joio'r treial.

Eto, ces i gêm fach iawn ond heb wneud dim byd arbennig. Pan ddath Graham Henry aton ni ar ôl y gêm a darllen, yn gynta, enwe'r bois rodd e wedi'u dewis ar gyfer tîm A Cymru, mae'n rhaid i fi gyfadde mod i damed bach yn siomedig nad odd fy enw i yno. Achos dyna odd fy ngobaith i ar y pryd. Ces sioc ofnadwy, ychydig o funude wedyn, i glywed mod i wedi ca'l fy newis i fod yng ngharfan Cymru yn y gêm gynta yn erbyn Ffrainc yng Nghaerdydd ymhen ychydig wythnose. Rown i'n ffaelu credu'r peth!

Bythefnos cyn y gêm fawr daeth y garfan at ei gilydd i aros ac i ymarfer yng Ngwesty'r Vale ym Mro Morgannwg. Dyna ble rown i, boi bach o Ddyffryn Aman a odd yn chware i dîm yr Aman flwyddyn a hanner cyn hynny, nawr yn rhannu stafell ac yn cymysgu gyda sêr y byd rygbi yng Nghymru. Rodd rhai ohonyn nhw, fel Rob Howley a Neil Jenkins, yn fyd-enwog ac wedi cynrychioli'r Llewod sawl gwaith. Mae'n rhaid i fi gyfadde mod i'n teimlo'n nerfus dros ben yn eu plith nhw. Ro'n nhw, chware teg iddyn nhw, yn trio'n galed i neud i fi deimlo'n gartrefol ond ro'n i'n teimlo mor swil rodd yn well gyda fi, ar y pryd, fod ar fy mhen fy hunan na chymysgu gyda'r bois eraill. Ar ben hynna rodd y syniad o chware o flaen cymaint o bobl yn Stadiwm y Mileniwm yn neud i fi grynu yn fy sgidie.

Rown i'n falch iawn o ga'l gwybod taw ar y fainc y byddwn ar gyfer dechrau'r gêm beth bynnag. Ond gyda 25 munud i fynd, a Chymru'n colli o 20 pwynt, ces wybod y byddwn i'n mynd ar y cae. Do'n i eriôd wedi teimlo mor nerfus ac wrth edrych ar dapiau o'r gêm wedyn rown i'n gallu gweld bod yr olwg ar fy wyneb i yn dangos hynny'n glir. A dweud y gwir, down i ddim eisie mynd mlân ar y cae o gwbl; rodd llond bola o ofan arna i. Ofan y byddwn i'n gadel y bois eraill lawr, ofan y byddwn i'n siomi holl bobl yr Aman odd wedi teithio lan i Gaerdydd mewn sawl bws i ngweld i'n chware (ac maen nhw'n dal i wneud hynna hyd heddi). Un o'r rhesyme am yr ofan mawr odd y byddwn i'n marcio un o asgellwyr gore'r byd ar y pryd, Emile N'Tamack. Yn rhyfedd iawn, cyn gynted ag rown i wedi rhedeg i fy safle, diflannodd yr ofne i gyd. Rown i jest eisie cyfle i ddangos beth rown i'n gallu ei neud gyda'r bêl yn fy nwylo.

Ac fe ges i ambell i gyfle. Ar y cyfan rown i'n eitha hapus â'r perfformiad ar wahân i un camgymeriad mawr wrth i fi drio paso'r bêl yn y dacl ar ôl i fi dorri drwyddo. Pwy odd yno i'w derbyn hi ond N'Tamack, a bant â fe fel milgi i sgorio cais. Rown i'n meddwl ar y pryd ei bod hi'n ddiwedd y byd arna i ond gwnath y bois eraill eu gore i ngha'l i anghofio am y digwyddiad. Llwyddes i roi'r camgymeriad mas o'm meddwl a joio gweddill y gêm, er gwaetha'r canlyniad, 36 –3 i Ffrainc.

Ers y diwrnod hwnnw 'dw i eriôd wedi gadel

i'r nerfe ga'l y gore arna i. Erbyn hyn byddwn i'n dweud mod i'n berson eitha cŵl cyn mynd ar y cae. Eto, mae gyda fi ambell i arferiad bach cyn pob gêm – dw i'n lico bod yr ola bob amser i redeg mas ar y cae. Mae rhai o'r bois yn dweud mod i bob amser yn rhoi fy esgid chwith ymlaen o flaen yr esgid dde, ond alla i ddim dweud bod hwnna'n rhywbeth dw i'n ei neud yn fwriadol.

11. TÎM CYMRU A HYFFORDDWYR O SELAND NEWYDD

ROWN I'N DDIGON LWCUS i gadw fy lle yn nhîm Cymru ar gyfer pob un o'r gême eraill ym Mhencampwriaeth y Chwe Gwlad. Yn yr ail gêm yn erbyn yr Eidal, daeth y foment y bydda i'n ei chofio am byth. Derbynies i bas gan Mark Taylor a chroesi am fy nghais cynta dros fy ngwlad. Dyna beth odd breuddwyd yn dod yn wir. Bydda i'n cofio'r gêm nesa yn erbyn Lloegr, yn Twickenham, am resyme cwbl wahanol. Fe geson ni ein maeddu'n rhacs gan y Saeson, 46-12 a minne'n sylweddoli bod gyda fi lot fawr i'w ddysgu o hyd am chware ar y lefel ryngwladol.

Rodd chwaraewyr Lloegr i'w gweld yn llawer caletach a mwy corfforol a'r gêm yn llawer mwy ffyrnig na'r ddwy gêm gynta yn y Bencampwriaeth. Eto, rown i'n meddwl mod i wedi ca'l gêm weddol. Daethon ni nôl yn dda fel tîm i ennill y ddwy gêm ola yn erbyn yr Alban (a minne'n arbennig o falch mod i wedi sgori dau gais arall) a Iwerddon. Rown i wedi

51

cael pleser mawr o chware tymor llawn yn y Bencampwriaeth ac rown i'n edrych ymlaen yn fawr at ga'l cyfle arall. Ond ar wahân i chware yn erbyn Iwerddon yn ystod mis Hydref 2001, aeth pedair blynedd heibio cyn i fi gynrychioli Cymru eto ym Mhencampwriaeth y Chwe Gwlad.

Yn ystod y tair blynedd hynny, rodd ngyrfa i fel chwarewr rygbi proffesiynol bron â dod i ben. Ac arna i'n hunan rodd y bai. Rodd hi'n amlwg fod Graham Henry, ar gyfer Pencampwriaeth y Chwe Gwlad yn 2001, wedi penderfynu dewis asgellwyr odd yn fwy o seis na fi, sef Gareth Thomas a Dafydd James. Felly, ar gyfer y tymor wedyn fe benderfynes i y dylwn i drio neud rhywbeth ynglŷn â'r ffaith mod i mor fach. Rodd hi'n amlwg erbyn hynny taw dyna pam nad own i'n ca'l fy newis i chware dros Gymru.

Es i ati felly i dreulio mwy a mwy o amser yn codi pwyse yn y *gym* ac i gymryd sylwedde (*supplements*)odd i fod roi help i fi roi pwyse mlân yn rhwydd. Gweithiodd hynny ac es i lawer yn drymach ac yn dewach, er rown i'n dal i fod yn gyflym. Ond o ganlyniad i'r pwyse annaturiol rown i'n ei gario nawr, dechreues i ga'l llawer o anafiade i'r cyhyre a phoene yn fy nghoese. Yn wir, yn ystod 2001–2002, dim ond dwy gêm lawn y llwyddes i chware i dîm cynta Castell-nedd. Ar ben hynny, pan own i'n chware, rown i'n gwybod mod i ymhell o fod yn ffit. Do'n i ddim mor gyflym ac rown i'n colli'n anadl yn rhwydd.

Erbyn dechrau 2002 rodd Steve Hansen wedi dilyn Graham Henry fel hyfforddwr Cymru ac rodd hi'n amlwg ar y pryd nad own i'n rhan o'i gynllunie fe chwaith. Fe ddwedodd e'n blaen wrtha i nad odd e'n meddwl mod i'n ddigon ffit i chware i Gymru. Rown i'n ei barchu fe am fod yn onest. Rodd y ffaith ei fod e bob amser yn dweud beth odd ar ei feddwl yn rhywbeth rown i'n ei lico'n fawr. Ond down i ddim yn cytuno gydag e bob amser. A bod yn deg, yn ystod y cyfnod anodd yma, a finnau'n stryglo gyda mhwyse ac yn trio dod yn ffit, fe ddwedodd Steve wrtha i am ddal ati a pheidio rhoi lan.

I wneud pethe'n waeth, ces i ddamwain gas iawn ar fy meic ac anaf ddifrifol i mraich. Rodd yr anaf yn dal i roi trafferth i fi flynyddoedd wedyn. Yna, yn dilyn y driniaeth i'r fraich ces i septicaemia a bues i'n ddifrifol wael yn yr ysbyty am bythefnos. Rhwng popeth, felly, rodd hwn yn gyfnod digalon iawn yn fy mywyd ac es i deimlo'n isel ofnadwy. Rown i'n ffaelu neud llawer o ddim ond eistedd yn cicio fy sodle.

Yn anffodus un o'r pethe rown i'n gallu ei neud odd mynd mas am gwpwl o beints gyda ffrindie a dechreuodd hynna ddigwydd yn llawer rhy aml. Rodd hynny, gwaetha'r modd, yn ffordd hawdd arall o roi pwyse ymlaen. Ond, ar y pryd, rodd ca'l fy hunan yn ddigon ffit i chware rygbi eto yn rhywbeth down i ddim yn gallu ei wynebu. Achos bob tro byddwn i'n dechre chware unwaith eto, byddwn i fel arfer yn ca'l anaf arall. Ar brydie rown i'n teimlo nad odd dim pwynt i hyn i gyd ac y bydde'n well i fi roi'r gore i chware rygbi ar y lefel ucha.

Yn ystod yr wythnose'n arwain at dymor 2002–3 rown i'n gwybod, os oedd fy ngyrfa i fel chwarewr proffesiynol yn mynd i barhau, y bydde'n rhaid i fi neud ymdrech fawr. Os own i'n mynd i gario mlân fel rown i wedi bod yn neud yn ystod y ddwy flynedd cynt fydde dim gobaith i fi chware'n broffesiynol. Felly es ati i weithio'n galed dros ben ac rodd rhai o'r staff hyfforddi ar y Gnoll yn help mawr i fi.

Yn gynta rhoies i'r gore i gymryd yr holl sylwedde a stopies i fecso am fy mhwyse. Dechreues i sbrintio fel ffordd o ddod ag ysbryd newydd i'm chware a rhoies i bwyslais ar ddod yn ffit. Rown i'n dal i godi pwyse ond ddim er mwyn fy ngneud i'n drymach. Ar wahân i ymarfer ar y Gnoll, bues i hefyd yn neud sesiyne ychwanegol gyda bois yr Aman. Pan ddath dechre'r tymor rown i ar dân unwaith 'to.

12. GWISGO'R CRYS
COCH ETO

RODD 2002-3 YN DYMOR da i fi. Sgoriais i 20 cais i Gastell-nedd ac fe ges i chware yng nghystadleuaeth Cwpan Heineken. Rodd wynebu time fel Caerlŷr a Beziers yn brofiad ardderchog, er na chawson ni fynd ymhellach na'r gême rhagbrofol. Rodd sôn yn y wasg ac ymhlith y cefnogwyr y dylwn i falle fod nôl yng ngharfan Cymru. Ond rodd hi'n amlwg nad own i'n rhan o gynllunie Steve Hansen ar gyfer Pencampwriaeth y Chwe Gwlad yn 2003. Er hynny fe gafodd Cymru dymor gwael iawn gan golli pob un o'u pum gêm.

Ar ddiwedd y tymor hwnnw gadawodd nifer ohonon ni, fois Castell-nedd, y Gnoll er mwyn ymuno â'r Gweilch (neu Gweilch Castell-nedd ac Abertawe, fel rodd y clwb yn ca'l ei alw bryd hynny). Erbyn hyn rodd y system ranbarthol ar waith, ac aeth yr 11 clwb dosbarth cynta yng Nghymru yn 5 tîm rhanbarthol (gan newid i 4 yn y man). Ar y pryd down i ddim yn siŵr a odd y drefn newydd yn mynd i weithio. Erbyn hyn dw i'n bendant taw dyna'r peth gore sy wedi digwydd i'r byd rygbi yng Nghymru yn ystod y blynyddoedd diwetha. Mae safone wedi codi'n sylweddol ac mae'r gêm yn y clybie rhanbarthol yn mynd o nerth i nerth.

Eto, rodd hi'n chwith iawn 'da fi adel y Gnoll ar ôl chwe tymor hapus dros ben. Rown i'n mynd i weld eisie'r awyrgylch gynnes, gyffrous yno a chefnogaeth frwd y cefnogwyr. Hefyd rodd yn rhaid ffarwelio â rhai o'r bois nad odd wedi llwyddo i ga'l cytundeb gyda'r Gweilch. Fydden nhw, yn anffodus, ddim yn gallu ennill eu bywoliaeth drwy chware rygbi. Ond yn y byd rygbi mae chwaraewyr, yn enwedig yn yr oes broffesiynol, wedi dod i dderbyn bod newid clwb, a chyfeillion, bellach yn rhan o'r gêm.

Ar ôl bod yn ymarfer gyda'r Gweilch newydd dros yr haf rown i'n teimlo'n ffit iawn. Rodd carfan Cymru ar y pryd yn paratoi ar gyfer Cwpan y Byd, odd i'w gynnal yn Awstralia ym mis Medi. Rown i wedi derbyn erbyn hynny na fyddwn i ddim yn rhan o'r paratoade er cymaint y byddwn i'n dwlu chware i Gymru unwaith eto. Felly pan ges i alwad i chware yng ngêm baratoi ola'r tîm, yn erbyn Romania, yn Wrecsam ar 27 Awst rodd e'n dipyn o sioc. Eto, down i ddim yn credu ar y pryd bod Steve Hansen o ddifri yn fy ystyried i ar gyfer Cwpan y Byd. Enillon ni'n rhwydd, yn erbyn tîm gwan, 54–8 a minne'n sgori dau gais.

Yr wythnos wedyn daeth llythyr annisgwyl oddi wrth Steve yn gofyn i fi ddod i'w gyfarfod e yng Ngwesty'r Vale. Yno, fe ofynnodd i fi a fyddwn i'n barod i fod yn rhan o garfan Cymru yng Nghwpan y Byd, fel y trydydd dewis ar gyfer safle'r mewnwr. A bod yn hollol onest, rown i'n meddwl bod ei gynnig e'n annheg. Ond rown i mor awyddus i gyrraedd Cwpan y Byd fel y dwedes i wrtho y byddwn i'n barod iawn i fynd i Awstralia fel mewnwr.

Er cymaint rown i'n mwynhau bod ar y daith honno down i ddim yn hapus iawn â'r paratoade. Yn y sesiyne ymarfer ar gyfer y gême rhagbrofol cynnar rodd hi'n amlwg nad odd 'da fi unrhyw rôl arbennig, a hynny'n awgrymu na fyddwn i'n ca'l fy newis i chware. Y fi odd y dyn fydde'n cario'r bagie a'r poteli dŵr a'r un odd yn chware rhan y gwrthwynebwyr mewn symudiade ar y cae ymarfer. Rodd hyn i gyd yn neud i fi deimlo'n rhwystredig ac yn ddigalon, ac mae'n rhaid i fi gyfadde nad odd 'da fi weithie yr agwedd iawn tuag at yr hyn rodd Steve yn trio'i gyflawni. Yn dilyn rhyw ffrae fach rhyngon ni fe ges i gyfle i ddweud fy marn wrtho ac fe wellodd pethe o hynna mlân.

Yn wir, ar gyfer y gêm ragbrofol ola, yn

erbyn y Cryse Duon, fe ges i 'newis i chware ar yr asgell. Am bedwar diwrnod ar ddechre'r wythnos honno rown i'n gaeth i ngwely gyda stumog tost ofnadwy ac yn wan fel cath, gan nad own i'n gallu bwyta. Ond erbyn y diwrnod cyn y gêm rown i ar dân eisie chware ac yn benderfynol o ddod bant o'r cae gan wybod mod i wedi chware'n ddigon da i gadw fy lle yn y tîm.

Cyngor Steve i ni cyn mynd mas i'r cae yn Sydney odd, "Go out and play rugby," a dyna beth wnaethon ni. Er i ni golli o 37–53, ar ôl bod ar y blaen gyda dim ond 20 munud i fynd, fe synnon ni bawb gyda'n chware cyffrous. Dw i wrth fy modd gyda gême o'r math yna ac rown i moyn ca'l y bêl yn fy nwylo drwy gydol y gêm. Fe ges i gêm dda ac er y siom a deimlon ni fel tîm ar ôl colli ro'n ni'n gwbod bod ein steil ni o chware wedi neud argraff fawr ar y byd rygbi.

Llwyddes i gadw fy lle yn y tîm gogyfer â'r gêm nesa. Fe chwareon ni yn yr un ffordd yn y rownd gogynderfynol yn erbyn Lloegr ond colli fu'n hanes ni unwaith eto, 28–17. Ond fe ddathon ni o Awstralia gan ddal ein penne'n uchel. Roen ni'n gwybod ein bod ni wedi neud llawer o ffrindie o ganlyniad i'n hagwedd ni at y gêm. Y ddwy gêm honno, yn erbyn Seland Newydd a Lloegr, odd y ddwy gêm bwysica i fi eu chware eriôd. Buon nhw'n gyfrifol am newid fy ngyrfa i. Cyn hynny rown i'n ffaelu ca'l fy lle yn nhîm Cymru ond ar ôl Cwpan y Byd dw i wedi bod yn ddewis cyson. Ond beth odd yn bwysicach falle odd bod rhai o arbenigwyr y byd rygbi a'r wasg wedi canmol tipyn arna i ar ôl y ddwy gêm yna. Rhoiodd hynny lawer o hyder i fi ac oherwydd hynny dechreues i chware lot yn well.

13. UN O'R GWEILCH

DODD HI DDIM YN hawdd setlo i lawr gyda'r
Gweilch ar y dechrau. Rodd y Clwb newydd
wedi dod â dau dîm at ei gilydd, wrth gwrs,
a'r ddau wedi arfer chware'r gêm yn eu ffordd
arbennig nhw. Fe gymerodd hi dipyn o amser
i uno chwaraewyr y Gnoll â chwaraewyr San
Helen mewn un arddull a phatrwm o chware.
Yn wir, ar y dechre fe gollon ni dipyn o gême.
Ar ôl dim ond blwyddyn fel un o'r Gweilch fe
fues i'n ystyried, am yr ail waith yn fy ngyrfa, y
posibilrwydd o fynd i chware yn Ffrainc.

Yn ystod haf 2004 gofynnodd clwb Castres i
fi a licen i ymuno â nhw. Ces i a Gail wahoddiad
i lawr i dde Ffrainc i aros mewn gwesty yno
am ryw bythefnos. Rhoiodd hynny gyfle i fi
gwrdd â'r hyfforddwyr a'r swyddogion, gweld
y cyfleustere a dod i nabod yr ardal. Fe geson
ni groeso ardderchog ac es i gartre gan addo
meddwl dros eu cynnig. Ac rodd e'n gynnig da
iawn, yn talu tipyn mwy o arian na'r hyn rown
i'n ei ga'l gyda'r Gweilch. Ond, unwaith eto, pan
ddath hi'n amser i ystyried o ddifri, penderfynu

gwrthod y cynnig wnes i. Wedi'r cyfan, bydde wedi golygu dod i arfer â ffordd hollol wahanol o fyw i'r hyn rown i'n gyfarwydd ag e yn ardal Glanaman.

Rhyw flwyddyn cyn hynny rown i wedi ca'l cynnig da iawn i ymuno â'r Sgarlets. Wedi'r cyfan, y nhw odd y tîm rown i'n ei gefnogi ers pan own i'n grwtyn. Rodd e felly'n demtasiwn i ymuno â nhw, yn enwedig gan fod yr arian roedden nhw'n ei gynnig yn fwy na beth rown i'n ei ga'l ar y pryd. Ond y rhwystr mwyaf bryd hynny odd mod i'n mwynhau gweithio gyda Lyn Jones.

Er hynny, pan ddath hi'n amser trafod cytundeb newydd gyda'r Gweilch y tymor wedyn rodd y ffaith i mi ddangos diddordeb mewn ymuno â Castres a'r Sgarlets yn sicr o help i fi yn y broses o fargeinio. Erbyn i fi ddod i benderfyniad ynghylch y cynnig i chware yn Ffrainc rodd pawb wedi dechre setlo yng nghlwb y Gweilch. Cyn hir fe geson ni ein llwyddiant cynta, sef ennill y Gynghrair Geltaidd. Dyw honno ddim yn bod bellach ac ers hynny ry'n ni wedi gorffen ar frig Cynghrair Magners ac wedi ennill Cwpan yr EDF. Ond ry'n ni'n dal i geisio cipio'r wobr fawr, sef Cwpan Heineken.

Mae hynny'n bownd o ddigwydd cyn bo hir. Yn sicr mae 'da ni chwaraewyr digon talentog.

Yr hyn sydd eisie gweithio arno yw agwedd meddwl y bois mewn gêm pwysig. Rodd colli yn y chwarteri yn erbyn y Saraseniaid y llynedd yn enghraifft wych o hyn. Fe gollon ni oherwydd doedden ni ddim wedi chware gêm digon clefyr, er ein bod ni'n well tîm na nhw. Un peth pwysig mae tîm fel Munster yn gallu ei neud yw ennill gême pan fyddan nhw hyd yn oed yn chware'n wael.

Yn anffodus bu'n rhaid i Lyn Jones adel y Gweilch oherwydd i ni ffaelu ennill y gêm mawr. Rown i a llawer o'r bois yn flin iawn o'i weld e'n gadel. Mae 'da fi'r parch mwya ato fe fel person ac fel hyfforddwr ac iddo fe mae llawer o'r diolch am fy llwyddiant i fel chwaraewr. Ond dyna shwt gêm yw rygbi y dyddie hyn, os nad yw'r time rhanbarthol yn ca'l llwyddiant mae newidiade'n digwydd.

Rodd Lyn ei hunan yn deall y sefyllfa'n iawn. Felly dw i'n siŵr nad odd colli ei swydd fel hyfforddwr y Gweilch yn llawer o sioc iddo. Mae'n dda gweld bod ei brofiad ar staff Clwb y Dreigiau wedi bod yn llwyddiannus a dw i'n siŵr y bydd e'n llwyddiant mawr fel hyfforddwr yn yr Ysgol Brydeinig yn Abu Dhabi. Fe fydd ganddo lot i'w gynnig iddyn nhw. Mae e hefyd yn neud ei farc fel un o wŷr doeth rhaglenni rygbi ar y teledu. Yn sicr mae ganddo'r bersonoliaeth

i lwyddo yn y maes hwnnw hefyd. Mae Lyn
y math o berson sy'n bownso nôl bob amser,
sdim ots faint o siom fydd e wedi'i ga'l.

Un fantais sydd gan y Gweilch dros lawer o
glybiau eraill yw'r adnoddau gwych yn Stadiwm
Liberty. Dw i i wrth fy modd yn chware yno, yn
enwedig pan fydd torf fawr yn ein gwylio ni.
Mae'r awyrgylch yn ffantastig ac mae wyneb y
cae'n braf iawn i chware arno. Wrth gwrs, mae'r
Swans, y tîm pêl-droed dw i wedi'i gefnogi
eriôd, yn rhannu'r cyfleustere gyda ni a dw i'n
mynd i'w gweld nhw'n chware pan ga i gyfle.
Fe fyddan nhw a ni'r Gweilch yn cymysgu â'n
gilydd weithie ar ôl ein sesiyne ymarfer, gan
fod y ddau glwb yn defnyddio'r un ganolfan yn
Llandarcy.

Fe fyddwn ni'n mynd mas yn Llandarcy
yn eitha aml. Mae'r wythnos waith fel arfer
rhywbeth yn debyg i hyn (a chymryd bod gyda
ni gêm ar ddydd Sadwrn).

Sul Fel arfer fe fydd diwrnod bant gyda
    ni ar ôl gêm, ond weithie fe fyddwn
    ni'n ca'l sesiwn adfer y corff yn y pwll
    nofio ac, falle, sesiwn i ddadansoddi
    ein perfformiad ni'r diwrnod cynt.

Llun Bore cymharol dawel gyda sesiwn
    adfer ychwanegol, gwaith codi pwyse,

falle ychydig o *touch rugby* a mwy o waith dadansoddi yn y prynhawn.

Mawrth   Gwaith amddiffyn caled yn y bore gyda sylw arbennig i daclo. Yn y prynhawn sylw i batryme chware, wrth amddiffyn ac ymosod. Hefyd gwaith codi pwyse a dadansoddi.

Mercher   Dwy sesiwn galed o rygbi go iawn yn y bore. Mynd gartre ar ôl cinio.

Iau   Diwrnod bant.

Gwener   Mynd dros y tactege ar gyfer y gêm y diwrnod wedyn a rhoi sylw i batryme chware ry'n ni wedi cytuno arnyn nhw.

Mae Clwb y Gweilch yn glwb braf iawn i fod yn rhan ohono fe ac fe fydda i'n ca'l tipyn hwyl wrth gymysgu 'da'r bois. Dw i'n ffrindie da gyda Gavin Henson ac fe fyddwn ni'n ca'l lot o sbort. Mae cymaint o bobl wedi ca'l darlun anghywir ohono fe yn y gorffennol, falle am ei fod e'n dod drosodd fel person hyderus iawn. Ond dw i'n ei ddeall e'n iawn ac yn ei ga'l e'n berson ffein dros ben. Mae nifer o gymeriade yn y tîm, pobl fel Lee Byrne a James Hook, sy'n ddoniol heb sylweddoli ei fod e. Ar y llaw arall mae Adam Jones yn mynd ar hyd y lle yn neud ac yn dweud pethe doniol o hyd. Un arall sy'n amlwg iawn yw Alun Wyn Jones am ei fod e'n ffaelu stopo canu. Mae'r gweddill ohonon ni'n credu ei fod e o'r farn y dylai fe fod ar *X Factor*!

14. COLLI ETO

Rodd colli'r ddau brawf yn Ne Affrica yn ystod haf 2008 yn dipyn o siom i ni i gyd yn nhîm Cymru. Doedden ni ddim yn haeddu ennill y cynta ond yn sicr fe geson ni gyfle i ennill yr ail brawf, mewn gêm gyffrous iawn. Rown i'n falch iawn o ga'l cyfle i sgori cais yn y ddwy gêm ond rodd yr ail yn un sbesial i fi. Yn wir bydde'n rhaid i fi ddewis hwnnw yn un o'r tri chais gore dw i wedi'u sgori eriôd.

Mae pob cais yn sbesial i fi achos dw i'n dwlu sgori ond mae dau arall yn sefyll mas hefyd. Yn gynta, un o'r tri sgories yn erbyn yr Ariannin mewn gêm brawf mas 'na yn 2004. Llwyddes i ochrgamu oddi ar y ddwy droed i faeddu'r cefnwr, Senillosa, a chroesi o dan y pyst. Yr un arall yw'r un ges i yn erbyn Fiji yng Nghwpan y Byd, er bod siom canlyniad y gêm honno yn dal yn fyw yn y cof o hyd. Ond falle taw'r cais mwya 'cofiadwy' i fi yw'r un sgories i yn erbyn Ffrainc llynedd pan dorres i record Gareth Thomas.

Mae hi bob amser yn galed i fynd ar daith dramor ar ôl tymor hir gartre, felly, ar un ystyr roe'n ni i gyd yn falch o weld y daith i Dde Affrica yn dod i ben. Ond erbyn diwedd yr haf, ar ôl gweithio'n galed ar ffitrwydd, rodd pawb yn teimlo'n ffres unwaith eto ar gyfer y gême rhyngwladol yn yr hydre. Ar ôl ennill y Gamp Lawn y tymor diwetha roe'n ni'n awr yn barod i herio gwledydd hemisffer y de ar ein tomen ein hunan.

Fe fuon ni'n astudio eu perfformiad nhw yn y Tri Nations a bues i, fel y chwaraewyr eraill, yn edrych ar berfformiad rhai o'r bois fydde yn fy erbyn i. Bydda i, yn enwedig os nad ydw i'n gyfarwydd iawn ag ambell i chwarewr, yn lico dadansoddi ar y cyfrifiadur pethe fel pa droed y bydd e'n ei defnyddio i gicio fel arfer, pa droed y bydd e'n ochrgamu oddi arni, a pha safleoedd y bydd e'n eu cymryd ar y cae.

Yn anffodus, fe gymerodd hi tan yr ail hanner cyn i ni ddechre chware go iawn yn erbyn De Affrica. Hyd yn oed wedyn fe ddylen ni fod wedi ennill y gêm achos roe'n ni'n chware'r math o gêm roe'n ni'n moyn ei chware. Ond fe wnaeth cais de Villiers, yn dilyn ei ryng-gipiad, dynnu'r gwynt o'n hwylie ni. Fe wnaeth ein diffyg disgyblaeth hefyd wastraffu lot fawr o'n gwaith caled. O ganlyniad rhoion ni lawer gormod o gicie cosb bant mewn safleoedd manteisiol i Dde Affrica. Felly, rodd colli unwaith eto iddyn nhw hyd yn oed yn fwy o siom nag arfer.

O'm rhan i, fe faswn i wedi lico ca'l mwy o gyfle i redeg at Dde Affrica. Ond rodd hi'n un o'r gême hynny lle bydde'r bêl fel arfer yn mynd i gyfeiriade gwahanol i'r fan lle rown i'n disgwyl amdani. Ar ben hynny, pan odd y bêl 'da fi yn fy nwylo rown i'n ffindio bod dau ddyn yn aml yn aros amdana i, fel sy'n digwydd fwyfwy'r dyddie hyn. A dweud y gwir, fydda i ddim yn poeni llawer am hynna. Dw i i'n dwlu maeddu dynion drwy ochrgamu, ac yn y blaen. Ond os galla i dwyllo dau ar yr un pryd, gore i gyd. Hefyd, os oes dau yn cadw llygad arna i mae hynny'n golygu bod bwlch yn rhywle arall ar y cae i rywun drio manteisio arno.

Down i ddim yn chware yn erbyn Canada yr wythnos wedyn ond fe aethon ni i mewn i'r gêm nesa yn erbyn y Cryse Duon gan feddwl eto y gallen ni ennill. Y nhw yw'r tîm gore yn y byd, wrth gwrs, a bydde chware yn eu herbyn nhw gan feddwl ein bod ni'n mynd i golli, yn neud yn siŵr taw colli fydde'n hanes ni. Wrth gwrs bydde'n rhaid dangos rhywfaint o barch iddyn nhw ond y peth pwysig odd canolbwyntio ar beth roe'n ni'n mynd i neud yn hytrach na becso amdanyn nhw.

Rodd ein perfformiad ni yn yr hanner cynta yn wych ond yn yr ail hanner yn anffodus

fe lwyddodd y Cryse Duon i gadw meddiant.
Hefyd wrth iddyn nhw yrru mlân dro ar ôl tro
a symud y bêl roe'n ni'n brin o amddiffynwyr.
Ein bai mawr ni odd y dylen ni fod ar y blaen o
fwy ar yr hanner. Yn wir roe'n ni'n haeddu bod
dipyn ar y blaen. Eto, roe'n ni'n dal i feddwl ein
bod ni'n mynd i ennill bryd hynny. Hyd yn oed
ar ddiwedd y gêm doedd dim cymaint o fwlch
rhwng y ddau dîm ag rodd y sgôr (9–29) yn ei
awgrymu.

Ond beth bynnag am berfformiad y ddau
dîm ar y cae, y prif destun siarad gododd yn
y gêm honno oedd yr haka cyn y gic gynta.
Syniad Warren Gatland odd e i ni aros yn ein
hunfan a gwrthod symud wedi i'r Cryse Duon
orffen yr haka. Rodd e o'r farn y bydde sefyll
yn llonydd yn dangos bod Cymru'n barod i
dderbyn y sialens ac yn arwydd o barch at yr
haka. Mae'n rhaid i fi gyfadde taw dyna'r *buzz*
mwya dw i wedi'i ga'l cyn unrhyw gêm.

Rodd clywed ymateb y dorf yn hala ias lawr
fy nghefen i. Fe driodd y dyfarnwr ga'l Ryan
i'n harwain ni oddi yno sawl gwaith ond heb
lwyddiant. Diolch byth fod y Cryse Duon wedi
gwrando arno fe o'r diwedd neu falle y bydden
ni wedi bod yno drwy'r nos. Beth odd yn dda
am y cyfan odd fod y Cryse Duon hefyd, fel yr
awgrymodd Warren, wedi ystyried y digwyddiad

fel sialens iddyn nhw ac oherwydd hynny wedi ca'l rhyw hwb o'n hwynebu ni. Dw i'n cofio siarad â Richie McCaw wedyn ac ynte'n dweud bod y Cryse Duon wrth eu bodd gyda'r hyn ddigwyddodd. Yn sicr fe ddath ag awch arbennig i'r gêm wedyn.

15. WADO'R WALLABIS

RODD 'DA NI UN cyfle ar ôl yr hydre diwetha i ddangos i'r byd rygbi, trwy faeddu Awstralia, fod Cymru bellach ymhlith y goreuon. Rodd rhaid newid rhywfaint ar y tactege y tro hwn. Fe fydd y Cryse Duon yn defnyddio patrwm amddiffyn sy'n golygu bod eu chwaraewyr yn dod lan yn un rhes gyda'i gilydd a dod benben yn erbyn llinell ymosod y tîm arall (sef y *blitz defence*). Rodd Awstralia, ar y llaw arall, yn amddiffyn drwy ddefnyddio'r patrwm drift. Mae hyn yn golygu y bydd pob amddiffynnwr yn y llinell yn sefyll ychydig y tu fewn i'r ymosodwr y bydd e'n ei farcio. Hefyd, yn y llinell honno, bydd pob amddiffynnwr yn cymryd safle rhyw hanner llathen y tu ôl i'r amddiffynnwr y tu fewn iddo fe.

A dweud y gwir, mae system felly'n siwto fy arddull i'n well gan ei bod hi'n rhoi mwy o gyfle i fi wneud rhywbeth â'r bêl. Felly, rown i'n edrych ymlaen yn fawr at chware yn erbyn Awstralia. Rodd tipyn o sôn wedi bod yn y wasg cyn y gêm bod Warren wedi dweud nad odd fy lle i yn y tîm yn gwbl saff, gan fod nifer o asgellwyr da eraill, fel Lee Halfpenny a Tom James, yn pwyso am gyfle i chware yn fy safle i. Rown i'n sylweddoli hynny'n iawn a bod yn rhaid i fi fod ar fy ngore wrth ymarfer ac yn y gême os own i am gadw fy lle. A dweud y gwir rodd gwybod bod cystal chwaraewyr ar yr ymylon yn fy ngneud i'n fwy penderfynol o wneud yn dda ac yn fy nghadw i ar flaene fy nhraed.

Mae Awstralia'n tueddu i chware gêm fwy agored na'r Cryse Duon a De Affrica. Fe fyddan nhw'n cicio llai a chicio, gan amla, er mwyn cadw'r bêl yn fyw. Rodd y math yna o chware yn ein siwto ni i'r dim ac yn rhoi cyfle i ni drio rhai symudiade fydde'n llwyddiannus yn ein barn ni. Yn wir rodd y cais sgoriodd Lee Byrne yn ganlyniad i alwad penodol wnes i ac rodd e'n symudiad roe'n ni ni wedi bod yn ei ymarfer.

Y cynllun odd y byddwn i'n rhedeg ar hyd eu llinell amddiffyn nhw, gyda'r bêl yn fy nwylo. Ar fy ngalwad i bydde'r chwarewr agosa ata i, sef Alun Wyn Jones yn yr achos yma, yn esgus neud symudiad siswrn gyda fi, gan glymu rhywfaint ar yr amddiffyn. Byddwn i'n ei anwybyddu fe ac yn paso'r bêl i'r chwarewr nesa yn y llinell fydde'n rhedeg tuag ata i ar garlam ac ar ongl. Y person hwnnw yn y gêm, wrth gwrs, odd Lee

Byrne a groesodd am gais ardderchog. Rodd yr alwad a'r symudiad wedi gwitho fel wats.

Cyn hynny rown i wedi bod yn rhan o symudiad cyffrous a orffennodd gyda fi'n croesi yn y cornel. Rodd hynna'n gynnar iawn yn y gêm ac yn wahanol i'r ddwy gêm a gollon ni yn yr hydre fe chwareon ni yn erbyn Awstralia am yr 80 munud. Fe lwyddon ni i gadw'r bêl yn well, roe'n ni'n ailgylchu'n dda ac yn cico'n effeithiol dros ben. Ar ôl yr holl waith caled ar y cae ymarfer rodd hi'n neis gweld o'r diwedd fod pethe wedi gweithio wrth i ni faeddu Awstralia 21–18.

Mae ein sesiyne ymarfer ni o dan Warren Gatland a Shaun Edwards yn wahanol i'r rhai yn y gorffennol mewn un ffordd bwysig iawn. 'Dyn nhw byth yn para am fwy nag awr ond maen nhw'n llawer mwy caled nag roedden nhw'n arfer bod. Byddwn ni'n dod o'r ymarferion hyn yn teimlo'n gwmws fel pe baen ni wedi bod mewn gêm go iawn. Mae'r ddau hyfforddwr yn gwybod beth maen nhw'n moyn oddi wrthon ni a bod yr hyn y byddwn ni'n ei neud yn y sesiwn ymarfer yn rhywbeth y bydd disgwyl i ni ei neud ar y cae.

Mae Warren yn sicr gyda'r hyfforddwr gore dw i wedi gweithio gydag e eriôd. Mae fy ngêm bersonol i wedi gwella lot fawr, diolch iddo fe.

Dw i'n gwybod mod i nawr, ar ôl gwrando arno fe, yn gallu darllen gêm yn llawer gwell. Dw i'n teimlo hefyd mod i'n dysgu rhywbeth newydd oddi wrtho fe bob tro y byddwn ni'n cyfarfod.

Mae 'da fi lot o barch hefyd i Shaun o ran y gwaith amddiffyn. Mae rhywun yn gwybod y bydd Shaun, beth bynnag y bydd e'n gofyn i ni ei neud, yn barod i neud yn gwmws yr un peth ei hunan. Mewn gwirionedd, mae llawer o'r clod dw i wedi'i ga'l yn ddiweddar fel chwarewr unigol yn ddyledus i ddylanwad y ddau hyn a hefyd i Rob Howley, hyfforddwr olwyr Cymru.

Dw i wedi treulio tipyn o amser yn ddiweddar yn rhoi sylw i waith amddiffyn. Erbyn hyn mae'n un o'r agwedde pwysica mewn gêm. Mae cystadlu ar y lefel ucha yn erbyn bois sy'n llawer mwy o ran corff na fi'n gallu bod yn waith caled. Felly dw i wedi neud llawer o waith gyda Shaun ar daclo ac ar fod yn ymwybodol o bwysigrwydd patryme amddiffyn. Yn yr un modd mae dau chwarewr profiadol iawn, Filo Tiatia a Marty Holla, wedi bod yn gweithio ar amddiffyn gyda fi wrth ymarfer gyda'r Gweilch.

Er hynny, rhedeg at amddiffynwyr sy'n rhoi'r pleser mwya i fi bob amser. Yn hynny o beth, dw i'n ddiolchgar iawn i Warren am roi'r rhyddid i fi grwydro i ble bynnag dw i'n moyn. Mae e'n gwybod dyw e ddim yn gallu hyfforddi bachan fel fi i ymosod mewn ffordd arbennig. Felly fe fydda i'n aml yn dilyn y bêl gan ymddangos weithie mewn llefydd annisgwyl. Mae'n gallu bod yn waith caled ond mae'r steil yna'n fy siwto i'r dim a gobeithio ei fod yn siwto Cymru hefyd.

Mae'r fuddugoliaeth yn erbyn Awstralia wedi gosod llwyfan ardderchog i ni ar gyfer Pencampwriaeth y Chwe Gwlad. Mae gyda ni bump o gême caled iawn o'n blaene ni ond dw i'n credu bod gyda ni unwaith eto gyfle da i'w hennill hi. Fe wnaeth tîm 2005 yn wych. Rodd tîm 2008 yn well byth, yn benna oherwydd bod y garfan yn gryfach ac wedi'i pharatoi yn fwy effeithiol. Rodd Warren bob amser yn barod i gyflwyno newidiade i'r tîm odd yn ein neud ni'n fwy cyflawn. Gobeithio y bydd tîm 2009 hyd yn oed yn fwy llwyddiannus.

16. Y DYFODOL

ERBYN HYN DW I'N 32oed ac yn mwynhau fy rygbi yn fwy nag eriôd. Yn naturiol mae'n anodd gwybod faint o flynyddoedd sydd 'da fi ar ôl fel chwarewr ond mae 'na rai pethe y byddwn i'n lico eu cyflawni cyn rhoi'r gore iddi. Byddwn i wrth fy modd tawn i'n ca'l fy newis i fynd i Dde Affrica gyda'r Llewod yn 2009. Dyna'r nod i bob chwarewr rhyngwladol ym Mhrydain ac Iwerddon. Fy ngobaith i nawr yw chware'n dda ym Mhencampwriaeth y Chwe Gwlad a gorffen y tymor yn holliach. Yna, ca'l fy newis i'r Llewod a chware ym mhob un o'r gême prawf, er y bydd y gystadleuaeth am lefydd yn daer iawn.

Mae 'da fi atgofion melys iawn o fynd ar daith y Llewod i Seland Newydd yn 2005 ond dim ond ar gyfer un o'r tri prawf y ces i newis. Rodd y gystadleuaeth ar gyfer safleoedd y ddau asgellwr yn ffyrnig, gyda Gareth Thomas a Josh Lewsey yn ffefrynnau i chware yn y gême prawf ar ddechrau'r daith. Ar ôl y prawf cynta fe ges i gêm dda yn erbyn Otago, a sgories i bum cais yn erbyn tîm gwan Manawatu. O ganlyniad fe ges i fy newis i chware yn yr ail brawf yn Wellington. Fe geson ni'n chwalu 48–18 gan y Cryse Duon yn y gêm honno.

Erbyn y prawf ola rown wedi ca'l anaf i nghefn ond dw i ddim yn gwybod a fyddwn i wedi ca'l fy newis tasen i'n holliach. A dweud y gwir, rown i'n teimlo cleisie dros fy nghorff i gyd, hyd yn oed ar ôl i fi gyrraedd gartre. Dw i eriôd wedi ca'l gême mor gorfforol, mor galed na mor gystadleuol â'r rhai a chwaraees i ynddyn nhw ar y daith honno. Ond rodd e'n brofiad na faswn i ddim wedi'i golli am y byd.

Oddi ar y cae joies i bob muned. Rodd hi'n grêt ca'l cymdeithasu gyda bois o'r gwledydd eraill a dod i nabod rhai ohonyn nhw'n dda, fel Matt Dawson, Jason Robinson, Geordan Murphy, Mark Cueto a Gordon D'Arcy. Dw i'n dal yn ffrindie gyda nifer ohonyn nhw o hyd. Hefyd, rodd y croeso geson ni gan bobl Seland Newydd yn ffantastig a'u diddordeb nhw mewn rygbi hyd yn oed yn fwy tanbaid na'r hyn ry'n ni'n arfer ag e yng Nghymru. Ar ben hynny mae'r wlad yn arbennig o hardd. Ond rodd 'da fi un gŵyn fach, doedd y tywydd ddim yn sbesial pan fuodd y Llewod yno. Eto, maen nhw'n dweud wrtha i ei bod hi'n fendigedig yno yn yr haf.

Bydda i'n lico meddwl y bydda i'n dal i chware

i Gymru yn 2011 ac felly yn ca'l cyfle i chware mewn Cwpan y Byd arall, yn enwedig ar ôl y siom geson ni yn 2007. Ond gan y bydda i'n 34 oed erbyn hynny, falle bydd hynny'n gofyn gormod. Eto, mae'r ystadege y byddwn ni'n eu ca'l gan staff y Gweilch a gan staff ffitrwydd tîm Cymru yn dangos mod i'n dal mor gyflym ac mor gryf â dw i wedi bod eriôd ac mae fy stamina i gystal ag y buodd e ar unrhyw adeg yn ystod fy ngyrfa.

Does neb yn rhyw hoff iawn o fynd mas ar y cae pan fydd hi'n oer ac yn wlyb, ond fel arall dw i'n dal i joio'r sesiyne ymarfer. Hyd yn hyn 'dw i ddim yn gorfod rhoi mwy o ymdrech i neud beth sy'n rhaid nag own i rai blynyddoedd yn ôl. Dw i'n credu hefyd ei bod hi'n deg dweud taw falle y fi yw'r cyflyma o hyd dros 40 llath yng ngharfan Cymru a charfan y Gweilch. Er hynny, mae Mark Jones a Tom James, gyda Chymru, a'r bois ifanc Christian Phillips a Lee Bevan, gyda'r Gweilch, ar fy ngwar i drwy'r amser. Mae Nikki Walker yn gallu symud hefyd, ond mae e ar ei gyflyma dros bellter o ryw gan llath.

Dw i'n gobeithio y galla i chware dros Gymru am dipyn eto achos mae gwisgo'r crys coch yn golygu rhywbeth sbesial iawn i fi bob tro. Hyd yn oed ar ôl i fi orffen chware fe wna i barhau i fynd i weld gême Cymru. Ond dw i'n credu y byddwn i'n dal i fod eisie chware rygbi hyd yn oed ar ôl i'r dyddie 'rhyngwladol' ddod i ben. Yna, pan ddaw hi'n amser camu i lawr o safon rygbi'r Gweilch, pwy a ŵyr, falle yr a i nôl i chware gyda'r Aman unwaith eto. Does dim byd yn rhoi mwy o bleser i fi na rhedeg â phêl rygbi yn fy nwylo.

Mae hyfforddi yn bosibilrwydd, sbo. Does 'da fi ddim llawer o brofiad yn y maes hwnnw ar wahân i helpu gyda rhai o dime'r Aman. Ond, dros y blynyddoedd, ar ôl chware i wahanol dime ar wahanol lefele, mae'n siŵr y bydd 'da fi rywfaint i'w gynnig i'r byd hyfforddi. Ond dw i ddim yn meddwl y byddwn i'n lico cymryd swydd fel hyfforddwr. Mae tipyn o straen i'r gwaith hwnnw. Na, dw i'n credu y gwna i fodloni ar helpu mas gyda thime'r Aman. Eto, fe fydd yn rhaid i fi gadw'n ffit neu fe fydda i'n siŵr o fagu pwyse. Felly mae'n bosibl y byddwn i'n ca'l fy nhemtio i fynd nôl i chware rhywfaint o bêl-droed.

Oddi ar y cae, pan fydda i wedi rhoi'r gore i chware, falle y gwna i ystyried ambell i gynnig dw i wedi'i ga'l i neud gwaith ar y cyfrynge. Yn ystod y blynyddoedd diwetha dw i hefyd wedi bod yn prynu tai a'u gosod nhw ar rent. Fe fydda i yn sicr yn awyddus i ehangu ar y busnes hwnnw ar ôl i fi orffen chware. O ran hamdden dw i'n edrych ymlaen at dreulio mwy o amser gyda Georgie. Falle y ca i fwy o gyfle i fynd â hi am wâc fan hyn a fan draw yn yr ardal, ac, yn yr haf, i lan y môr. Hefyd fe gawn ni edrych ymlaen fel teulu at fynd ar wylie yn yr haul yn amlach. Dy'n ni ddim wedi gallu neud llawer o hynna yn y blynyddoedd diwetha 'ma er i ni ga'l amser ardderchog yn Cancun yr haf diwetha. Mae'n bosibl hefyd y ca i gyfle i wella fy ngolff ar ôl gorffen chware rygbi. Cawn weld!